儿童教育中的
教育家及其理论译丛

INTRODUCING
MALAGUZZI

EXPLORING THE LIFE AND
WORK OF REGGIO EMILIA'S FOUNDING FATHER

马拉古奇 导论

探索瑞吉欧·艾米利亚教育之父的生活与工作

[英] 桑德拉·斯米特 著
SANDRA SMIDT

吴媛媛 译

南京师范大学出版社

图书在版编目（CIP）数据

马拉古奇导论：探索瑞吉欧·艾米利亚教育之父的生活与工作 /（英）桑德拉·斯米特著；吴媛媛译. —— 南京：南京师范大学出版社，2020.1
（早期儿童教育中的教育家及其理论译丛）
ISBN 978-7-5651-0280-6

Ⅰ.①马… Ⅱ.①桑… ②吴… Ⅲ.①儿童教育－教育理论 Ⅳ.①G610

中国版本图书馆CIP数据核字（2019）第200221号

Introducing Malaguzzi: Exploring the life and work of Reggio Emilia's founding father / by Sandra Smidt / 978-0-415-52501-5
Copyright©2013 by Routledge
Authorised translation from the English language edition published by Routledge, a member of the Taylor & Francis Group
All Rights Reserved.
本书原版由 Taylor & Francis 出版集团旗下的 Routledge 出版公司出版，并经其授权翻译出版。
版权所有，侵权必究。
Nanjing Normal University Press is authorised to publish and distribute exclusively the Chinese (Simplified Characters) language edition. This edition is authorised for sale throughout Mainland of China. No part of the publication may be reproduced or distributed by any means, or stored in a database or retrieval system, without the prior written permission of the publisher.
本书中文简体翻译版权由南京师范大学出版社独家出版并在中国大陆地区销售。未经出版者书面许可，不得以任何方式复制或发行本书的任何部分。
Copies of this book sold without a Taylor & Francis sticker on the cover are unauthorised and illegal.
本书封面贴有 Taylor & Francis 公司防伪标签，无标签者不得销售。
著作权登记号 图字：10-2019-472 号

书　　名	马拉古奇导论：探索瑞吉欧·艾米利亚教育之父的生活与工作
丛 书 名	早期儿童教育中的教育家及其理论译丛
作　　者	［英］桑德拉·斯米特
译　　者	吴媛媛
策划编辑	万　斌　张泽芳
责任编辑	张泽芳
出版发行	南京师范大学出版社
地　　址	江苏省南京市玄武区后宰门西村9号（邮编：210016）
电　　话	（025）83598919（总编办）　83598412（营销部）　83598312（邮购部）
网　　址	http://press.njnu.edu.cn
电子信箱	nspzbb@njnu.edu.cn
照　　排	南京凯建图文制作有限公司
印　　刷	江阴金马印刷有限公司
开　　本	710毫米×1000毫米　1/16
印　　张	12.75
字　　数	170千
版　　次	2020年1月第1版　2020年1月第1次印刷
书　　号	ISBN 978-7-5651-0280-6
定　　价	45.00元
出 版 人	张志刚

南京师大版图书若有印装问题请与销售商调换
版权所有　　侵犯必究

内容介绍

桑德拉·斯米特（Sandra Smidt）为我们介绍了有关瑞吉欧·艾米利亚的幼儿教育，以及20世纪最伟大的教育家之一——洛里斯·马拉古奇（Loris Malaguzzi）的幼教思想与实践。这是一部通俗易懂且内容全面的介绍性著作，就如瑞吉欧方案本身一样，它给居于教育领域统治地位的思想与实践带来了新的启发，……表明我们仍有新的教育路径可以寻访。

伦敦大学教育学院荣誉退休教授彼得·莫斯（Peter Moss）

在这部引人入胜的作品中，桑德拉·斯米特考察了马拉古奇的哲学思想是如何从意大利后法西斯主义时代这一生长于斯的亲身经历中生发出来的。作者紧密结合马拉古奇的早期日常实践，通篇采用其具体实践中的真实案例，从而探究并阐释了他的思想观念。其所探究的主题包括：

- 关系——任何设定或非设定的关系、文化以及学习情境的重要性；
- 透明——倾听以及通过纪录①来理解并分享知识的重要性；
- 质疑——邀请孩子们不仅回答问题而且还要提出问题，在任何学习情境中允许他们以平等的伙伴身份参与其中；
- 创造力——让孩子们能够运用他们可以找到的所有表达性语言，来表达并分享他们的想法；
- 公平与公正——使社区参与到所有的决策制定与讨论中来，以保证幼儿教育能够惠及所有孩子。

本书将为所有的早期儿童教育工作者助益，并可作为早期儿童教育课程中学生的必读书目。

桑德拉·斯米特是一位早期儿童教育领域里的作家兼顾问。她的著作还有《布鲁纳导论》（2011）以及《维果茨基导论》（2008），均由劳特利奇（Routledge）出版社出版。

---

① 译者注：为了显示区别，书中的 documentation 被译为"纪录"，相应地，documenter 被译为"纪录者"；record 被译为记录，recorder 被译为记录者。这两个词之间的区别可详见本书作者在"术语表"中的解释。

序 言

背景与文化

据说维拉-塞勒（Villa Cella）的人们已经聚集起来为孩子们创建学校了：他们从被炸毁的房屋废墟中清理出砖块，并将其用来建造学校。战争结束仅仅几天，一切都还处于混乱之中……我骑上自行车直奔维拉-塞勒。刚到村外，就从一个农民那儿确认了所获知的消息，他为我指明了具体方位，还在很远的前方。到处都是成堆的沙土和砖块，一辆独轮手推车载满了锤头、铁锹和锄头……一路上我欣喜异常，统治着教育、文化领域的陈规陋习统统被推翻了，一切又回到了原点。思想上的全新视野被打开了……

（Malaguzzi in Edwards *et al.*, 2011: 27-8）

2009年劳特利奇出版社（Routledge Press）出版了首批着眼于介绍儿童发展领域一些伟大思想家和革新者成就

的著作，这些著作在某种程度上已成为了一个系列。第一本著作，《维果茨基导论》，考察了苏联著名理论家维果茨基（Vygotsky）的思想。虽然他英年早逝，但在他短暂的一生中，却对我们理解儿童是怎样学习，特别是理解背景、文化、语言、历史以及其他因素在学习与发展中的重要作用做出了巨大贡献。维果茨基的思想对我以及我的工作产生了非常大的影响，该书即因此而作。写作该书的目的之一，是让那些没有学术背景的读者也能够理解维果茨基的思想。他的思想本就晦涩难懂，那些根据俄文原版但又文过饰非的翻译更增添了读懂其思想的难度。我的读者主要是一线教师、助教、学生以及那些在幼儿教育与看护行业从事工作的人。这本书很受欢迎，此后它还出人意料地被翻译成丹麦文。

不久，我又写作了另一本姊妹书，《布鲁纳导论》。这看起来是顺理成章的事情，不仅因为布鲁纳（Bruner）曾深受维果茨基及其社会文化因素在学习中占据非常重要位置思想的影响，而且还因为他对语言的兴趣引领着他极尽详细地去探索叙述作为一样关键工具，在生成与分享意义时所具有的重要性。

同一系列中的第三本书的主题，是意大利思想家兼教师，著名的瑞吉欧·艾米利亚学前教育计划创始人——马拉古奇。也许与维果茨基或布鲁纳这样的创始人不大一样，马拉古奇能够将生发于他自身经历的理想主义与坚定的实用主义，以及逐步增长的知识与理解联系起来。这种逐步增长的知识与理解，即提供高质量的童年人际经历和提升整个社区生活水平，是相当重要的。因此，这本书的目的就是探究马拉古奇如何吸收维果茨基、布鲁纳和其他人的思想，再融入其自身特殊的意大利战后经历，来重新界定并拓宽我们对于儿童如何学习的理解，据此为读者提供培养并增强这种学习与发展的建议。

由互联网所带来的信息分享的便利，已经使得这个学前教育体系声名远播，因此不少读者很有可能在阅读本书之前就已经对瑞吉欧·艾米利亚以及源自那里的事情有所知晓。关于或出自于瑞吉欧·艾米利亚的书籍层出不穷，有些书很好，有些却不尽然。我们甚至可以提出这样一个观点，即正是瑞吉欧的显赫名声导致了这种未经充分理解就被肆意复制的现象出现。

作为那些访问过瑞吉欧·艾米利亚及其学前教育机构，并曾与马拉古奇有过当面交谈的幸运儿之一，很多年前，我就已经认识到有必要写作一本不为瑞吉欧盛名所累，而仅只依靠其思想、哲学和研究成果作为基础材料提炼出来的新书。对我而言，需要考虑的关键问题即马拉古奇不仅得出了自己的思想，而且还能如此亲密地与当地人一起保证它们被实现开来。瑞吉欧的学前教育尤其以孩子们创作的精美艺术作品而闻名。由于孩子们的绘图和画作很容易在书本、明信片、海报或网上复制，因此它们广受赞誉。我清楚地感知到，有很多从事早期儿童教育工作的人，包括那些实地参观过或通过网络了解了瑞吉欧学前教育机构的人，现在也开始认为他们可以相对容易地把瑞吉欧学前教育方式运用或复制到自己所工作的地方。

就我看来，瑞吉欧·艾米利亚学前教育的本质就植根于其所在的历史、文化和环境中。瑞吉欧·艾米利亚并没有提供任何诀窍、蓝图或模式。不存在课程可供我们借鉴，不存在教师培训方案可供我们复制。在这本书中我计划要做的事情，就是去分析瑞吉欧·艾米利亚已经做了什么，以及为什么要这么做，以便我们可以尝试着利用我们自己的历史、文化和环境来创造或改进我们的早期儿童教育机构。

因此，对于你我来说，问题就在于某个地方所发生的对历史做出回应的事情，是否能够被成功地迁移到另一个地方。维果茨基、布鲁纳和马拉古奇都是他们人生和时代的产物，为了理解他们以及他们的思想，我们必须采用一种社会文化的/历史的研究方法。历史和文化对于我们理解研究对象至关重要，而这也正是我们开启此次研究之旅的起点。

你们将会发现这是一本没有任何插图的书。当然，希望选用一些由瑞吉欧·艾米利亚儿童创作的精美艺术作品来作为插图的请求是非常诱惑人的，但由于这是一本关于过程而不是成果的书，因此我决定对这种诱惑采取克制态度。

诚挚地感谢安娜玛丽亚·穆基（Annamaria Mucchi），她总是有求必应地解答我的疑问。

注释：

- 当谈及单个的儿童时，我使用的代词是"她"，而不是"他"。
- 参照达尔贝格（Dahlberg）和莫斯（Moss）的用法，我采用他们所使用的专业术语以与瑞吉欧·艾米利亚那些约定俗成的用语保持一致。瑞吉欧有两种主要的早期儿童教育服务机构：婴幼儿中心（the nido/nest），为3个月至3岁的幼儿提供保教服务；学前学校（the scuola dell'infanzia），为3—6岁的幼儿提供保教服务。在瑞吉欧，这两种类型的机构都可被称为市政学校（municipal schools）。当我谈及为学龄前的儿童所提供的所有类型教育时，我有时候会使用preschool这个词。（附注：译者在本书中将preschool统译为学前教育机构。）
- 我决定使用教师"teacher"这个词，而不是从业者"practitioner"这个词，来指称那些凡是在特定机构中与儿童打交道的成人，因为瑞吉欧·艾米利亚也是这么做的。此举是基于对这样一种事实的认识，即那些凡是与儿童相遇的成人都会对其学习与发展产生影响，同时也都会以某种方式来教育他们。
- 我是在我们所谓的地方当局的意义上来使用市政当局"municipality"这个词的。
- 还有另外两个专门用来指称教育者"educator"的术语。其一是教学协同研究人员（pedagogisti），她们拥有更高的教育学或心理学学位，并与数量不多的市政学校合作共事，以帮助它们提升教育见解和解决教育过程中遇到的问题。我们可以将这类人称为"咨询教师"（advisory teachers）。其二是驻校艺术教师（atelieristi），她们拥有视觉艺术方面的背景，在学前机构中的工作坊（studio或atelier）工作，她们对儿童的学习与发展具有重要的影响力。英语中没有与之相对应的单词存在。
- 我选择使用英式而不是美式拼法来翻译意大利语中的相关语汇，因此你会发现我在使用剧院这个词时，用的是theatre而不是theater，诸如此类的还有很多。
- 瑞吉欧的学前教育机构中都没有预先设定的课程（或programmazione）。各机构里所发生的只是一些更具回应性、开放性和重视文化基础的事情。我在本书中采用了意大利词"progettazione"。这个词有很多种含义，包括去设计、计划、策划或规划。这个词有时被翻译为项目工作（project work），如同利莲·凯兹（Lillian Katz）所做的那样，但是它所包含的意思要更宽广、更综合。

目录

CONTENTS

内容介绍 ……………………………………… 1

序 言
背景与文化 ……………………………………… 1

第一章
洛里斯·马拉古奇的生平及其所处时代

意大利政治史的简要概观 …………………… 3
瑞吉欧·艾米利亚自治市的政治活动 ……… 6
1945年以前瑞吉欧·艾米利亚自治市的早期儿童教育历史 …………………………………… 8
马拉古奇是这样叙述瑞吉欧·艾米利亚学前教育创办经过的 …………………………………… 11
对马拉古奇思想产生了影响的一些人物 …… 15
瑞吉欧的政治差异性 ………………………… 20
小结 …………………………………………… 24
生僻术语表 …………………………………… 25

第二章
是什么使得瑞吉欧·艾米利亚如此特别?

理论与实践	28
研究	31
小结	38

第三章
关系的重要性

孩子	40
筹备以关系为中心的一天	43
创立一种关系教学法	48
小结	59

第四章
倾听与纪录的重要性

对倾听的定义与理解	62
学习与倾听	66
作为社会成员的儿童	70
心灵上的倾听	72
纪录	75
小结	78

第五章
儿童的一百种语言

这一百种语言是什么意思呢?	81
营造一种包容的集体氛围	86
质疑、挑战与违规	90
孩子们的理论	91
小小研究者	95

小结　　　　　　　　　　　　　　　　　　98

第六章
教师的一百种语言

作为研究者的教师　　　　　　　　　　　　101
作为纪录者的教师　　　　　　　　　　　　106
作为架子工的教师　　　　　　　　　　　　112
作为发起者和伙伴的教师　　　　　　　　　115
作为倡导者的教师　　　　　　　　　　　　117
作为文化共建者与公民领袖的教师　　　　　118
小结　　　　　　　　　　　　　　　　　　119

第七章
剧院幕布的故事

故事的开始：最初的步骤、印象和想法　　　123
回到学校：继续开展　　　　　　　　　　　126
精美的图形，快乐的事情，太阳、月亮与星星　127
在生物学与魔法之间：变形和改变　　　　　128
我该选择哪一样：电脑还是纸张？把它们组合起来　130
故事的作用：变成一幅链接的图像　　　　　132
就要完成了：米米（Mimi）的细胞舞　　　　132
小结　　　　　　　　　　　　　　　　　　134

第八章
对婴儿和学步儿的需求做出回应

占主导地位的社会思潮　　　　　　　　　　138
一个体现文化层次的友好空间　　　　　　　139
设计一个婴幼儿中心　　　　　　　　　　　141
一个三项权利的法案　　　　　　　　　　　145
学习过程中的第三位伙伴　　　　　　　　　151

　　　　马拉莫蒂婴幼儿中心及其创办原委的故事　　155
　　　　小结　　156

第九章
幼儿教育中的民主与参与

　　　　作为伦理和政治实践空间的婴幼儿中心　　161
　　　　为民主实践而努力　　163
　　　　一些解说性的案例研究　　165
　　　　放眼北望　　167
　　　　这样就可以了?　　169
　　　　将这种新视角付诸行动　　170
　　　　小结　　171

结　语　　173
术语表　　175
参考文献　　189

CHAPTER ONE
The life and times of Loris Malaguzzi

第一章

洛里斯·马拉古奇的生平及其所处时代

"二战",或其他任何战争,隐含在其悲剧性荒谬之中的也许就是这样一种体验,它能促使一个人将投身于教育事业视为开启新生与创造未来的蹊径。这种渴望在心灵深处回荡着,以至于当战争宣告结束,当生命的迹象带着暴力的残迹开始复苏时,心灵仍然像深处战争中一样。……战争刚结束,我就觉得自己已经缔结了一个同盟,一个与儿童、成人、战俘营老兵、反抗军里的游击队员,以及一个被蹂躏世界的受害者等处于同一阵营的同盟。

(Malaguzzi in Edwards *et al.*, 2011: 35)

众所周知，马拉古奇出生于波河（the River Po）岸边的市镇柯勒乔（Correggio），它隶属于瑞吉欧-罗马格纳省的瑞吉欧·艾米利亚自治市。我们知道，他出生于1920年，直至1994逝世。他的妻子名叫尼尔得·博纳奇尼（Nilde Bonaccini），于1993年去世。马拉古奇逝世时距离他满74周岁仅差六周。我们还知道，马拉古奇夫妇只有一个独子。除此之外，我们对于他的家庭情况再无所知了，如他们住在哪里？他们从事何种工作？他们所热衷的事物、爱好、兴趣、忧虑等是什么？或者他们信仰和珍视的又是什么？

可以确信的是，马拉古奇是在本尼托·墨索里尼（Benito Mussolini）的法西斯主义统治下成长起来的，并且这段成长经历对他的思想和发展产生了极其重要的影响。他曾说过，法西斯主义"吞噬了我的青春"（Brunson, 2001）。在他父亲的鼓励下，他选择了教师这个职业，并于1939年参加了一个教师培训机构，在此获取了小学教师资格。战后，他在位于罗马的国家研究中心（National Centre for Research）修了心理学课程。事实上，这就是意大利在战后所开设的第一次心理学课程。之后，他在一所公立小学当了7年小学教师。由于他兴趣广泛、多才多艺，因此经常被别人描述为一个博学多才的人，包括被称为运动员、戏剧导演、电影制片人、记者等。

离开罗马后他回到了瑞吉欧·艾米利亚，在一处由地方当局创办的专为在学校学习有困难的儿童而设立的中心工作——巧合的是，维果茨基也曾在其短暂的生命中与有特殊需求的儿童一起共事过。1958年，他成了瑞吉欧·艾米利亚自治市的学前教育指导者，并在此职位上度过了工作余生。虽然于1985年正式退休，但他一如既往地将其全副精力投入到瑞吉欧·艾米利亚的学前教育事业，直至生命尽头。

看起来很奇怪的是，与对布鲁纳和维果茨基生平了解的程度相比，我们对于马拉古奇的生平却所知寥寥。确实，我们所了解的只是他生活的文化与历史背景，但通过对此加以考察我们也可以获知并解释它们对其思想所产生的影响。这样，正如我们在探究瑞吉欧·艾米利亚及其对马拉古奇所产生的不可避免的影响时一样，我们就采取了一种社会—历史的/文化的研究方法。你们也许会不禁赞叹，尽管这是一件如此宏大而有必要将历史进行浓缩处理的事情，但此举将使我们能够分析出到底是什么对马拉古奇的思想、哲学、疑问和解决办法产生了如此深刻的影响。

考虑到你们也许想了解更多有关他思想上的内容，而不愿知道更多有关历史或政治背景的知识，因此也许此刻你正想跳过这一章的剩余部分不读。但我奉劝你们还是认真地接着读下去，因为如果不了解这些背景知识，你们将不可能真正懂得到底是什么使瑞吉欧·艾米利亚变得如此重要，而对于很多人来说这是非常难以捉摸的事情。

意大利政治史的简要概观

瑞吉欧·艾米利亚这座小城的历史与许多欧洲小城一样，最主要的标记就是物质性损坏，而导致这种损坏的具体原因就包括密集性轰炸、入侵、分裂、仇恨、爱国主义、游击活动、征服与最终胜利等事件。人们的苦难是如此强烈以至于一度在支持墨索里尼的法西斯主义者与其反对者的对抗过程中形成了一个相当于内战的局面。这种因对抗而生发出来的感情强烈程度，是那些从未经历过被他国入侵的国家的人民很难理解的。

具有决定性意义的1789年法国大革命事件给欧洲带来了巨大改变。飞速发展的工业，伴随着农村人口涌入城市中心以及自由放任市场经济的创建，开始改变着欧洲大部分地区许多既存的结构和团体。

50年以后，在1848年，卡尔·马克思（Karl Marx）和弗雷德里克·

恩格斯（Frederick Engels）联合创作的《共产党宣言》问世，宣称工人阶级应该站起来，参加阶级斗争，消灭资产阶级的利益并控制生产工具。此举所产生的影响势必将结束很多类群体的边缘化和异化现象，并带来一个更公平、更公正的社会。

意大利的政治氛围孕育出两股相互对抗但又旗鼓相当的意识形态，即社会主义/共产主义（以马克思和恩格斯的思想为基础）与法西斯主义。1892年意大利社会党（PSI）在热那亚（Genoa）成立。尽管付出了惨痛代价，但在1914—1918年的第一次世界大战中意大利还是居战胜国之列。然而，在战后利益格局的重新调整过程中意大利与其他战胜国相比获利似乎更少，这使得意大利国民对此耿耿于怀；而最令他们怒不可遏的是有关后来被称为南斯拉夫（Yugoslavia）阜姆镇（Fiume）的判决问题，意大利人愤怒地将其称为"残缺的胜利"。在此后的几年里，意大利国内的政治局势发生了一些变化，由起初的派系林立主导发展到羽翼丰满的议会民主制。在1919年大选中占支配地位的政党为社会党和天主教人民党。虽然社会党党员抱持着积极乐观的心态，但它后来（也证明是损失极重的）却被分裂成为两派，即由菲利波·图拉蒂（Filippo Tulati）领导的工会派和由青年本尼托·墨索里尼领导的国家社会主义派。

意大利社会党起初因反对意大利卷入一战漩涡而导致墨索里尼退离该党，战后的意大利局面让墨索里尼醍醐灌顶，他决然组建起由他自己领导的法西斯党。

了解相互对立的政治团体各自所持有的立场是重要的：

- 法西斯主义曾经直至现在仍然是极右翼的党派，极力颂扬某一种族或民族优于所有其他同类。从定义和历史上来看，它反对共产主义或自由主义，并由此而敌视所有试图从压迫中获得自我解放的抗争。这些抗争的主体包括妇女、工人、移民、贫民、无声者、无投票权者、儿童等。认识到并记住这一点是重要的，即意大利的天主教堂是墨索里尼及其政党和政策的热情支持者，我们将会看到，这一事实对马拉古奇的思想发展产生了非常重要的影响。

● 在意大利的历史上，共产主义/社会主义的发展可谓是一波三折，首先是党内的派系分化，其次是派系内部的团体分化，而这一切均源自于它从未有过一个强有力的领导者。他们历来的关注点都在于考虑如何通过提供教育与就业机会来解放所有的无声者和被压迫者。对社会党而言，他们最严重与最重要的问题都在于领导层。

其中最令人关注的是安东尼奥·葛兰西（Antonio Gramsci）。他成为了包括教育学与学校教育在内众多领域的一流思想家。作为一位信奉马克思主义的记者，他在晚年被法西斯党监禁在由墨索里尼营造的监狱中长达11年以至终老于斯。在被关押期间，他设法偷偷地将其现今已名声大噪的笔记/日记送出监狱，这批被偷送出狱的资料此后被公开出版并成为极其重要且极富影响力的文献。

尽管葛兰西的日记得以迅速地出版，但直至20世纪70年代它们仍只被传阅于英语世界。葛兰西于1891年出生于撒丁岛的一个小镇，有六个兄弟姊妹。他的家庭属于岛上为数不多的书香门第，他学习成绩优异并获取了都灵大学的奖学金。都灵位于意大利北部，一度被称为"意大利红色之都"（"the red capital of Italy"）。"一战"末期，除去部队中的10%以外，都灵的人口比例中工业工人的比重仍旧占到了30%。都灵的工人历来极富斗争性，正是在这样一种氛围和文化气息中，葛兰西开始了他的大学生活，成为一名社会主义者。随着时间的推移，他开始思考反抗资产阶级价值观的重要性。对他而言，这种为平等而展开的斗争是意识形态上的或文化上的一种斗争。在他的核心思想中包括霸权思想，即任何社会整体应如何用一套由价值、信仰、态度和道德等组成的系统所笼罩，这套系统将对支撑并维护权力关系中的现状产生影响。因此，举个例子来说，法西斯时代的意大利，就是通过以天主教的价值观来支撑法西斯主义的价值观来确保一切稳定如常的。在本质上，霸权与权力密不可分。当你们开始思考马拉古奇所持有的价值观与原则时，就会更好地了解霸权的内在意涵是什么。

共产主义者与社会主义者肩负着通过社会改造来矫正既存不平等现象的使命，渴望改善贫苦儿童、妇女与女童，以及众多未被关注的儿童的生活状态。认识到这些后，他们就开始思考那些在后来引起了争论的一些问题。具体包括：

● 关于教育工作者是否应该进行特殊的专业化培训，如果答案是肯定的，那具体的培训内容应该是什么，以及应该如何将此付诸实践的问题。

● 儿童所学的内容应该是什么，应在哪里学习，该如何学？

● 如何就近开展教育活动，而不仅仅是停留在知道别人说过、想过及做过什么的认知层面，然而最最重要的还是要能够通过实践来考量别人所说、所想及所做过的事情。你们将会发现，这一点已然成为了马拉古奇思想中的一个重要主题。

瑞吉欧·艾米利亚自治市的政治活动

瑞吉欧·艾米利亚本就是一个美丽的市镇。她拥有精巧的设计风格，四通八达的铺砌街道，历史悠久的建筑物，广场与公共空间，一个小型剧院，以及被称为世界上为幼儿所提供的最好的学前教育。这儿也正是意大利国旗三色旗首次在世人面前亮相的地方。它坐落于艾米利亚-罗马格纳（Rmilia Romagna）地区中农业和工业均极为发达的区域，此处因"二战"期间有大部分平民、穷人和被剥削者都参加了反抗德国入侵者的社会主义与共产主义性质的政党，因此常被称为意大利的"红色地带"（red belt）或玫瑰区（zona rosa）。

"二战"期间，这片区域惨遭蹂躏。这里曾经发生过激烈的战斗、残酷的掠夺及惨痛的苦难和不公正侵犯。这些深深地触痛并感染了所有人的生活。一份有关这段历史的分析指明，在战争期间得以增长与加强的抵抗运动以其强劲发展势头超越了它本身的反侵略意义，而进一步促进了该地区在社会、政治、制度、文化上与传统决裂。该地区世世代代均被由对立阶级所引发的社会阶级斗争所控制，对立双方即由地主和富人组成的剥削阶级（他们通常是法西斯主义的支持者），与由工人、农场雇工和穷人组成的被剥削阶级。

战后，工会迅速发展起来并获得了更多的政治影响力，再加上共产党在解放运动中所扮演的极其重要角色，使得其开始在该地区第一次选举中赢得胜利，并在此后与其他社会参与者也逐步建立起联系，其中不乏那些来到该地专为监管意大利那座他们称之为"民主"大厦的英裔美国人。显然，战争的蹂躏使得基础设施遭到了严重破坏，失业率居高不下，食物需要定量配给，黑市交易也开始逐渐活跃起来。农业，作为经济系统中最重要的部分，此时最显著的特征即发展缓慢以及因滞销而带来的各种效应。人民的生活捉襟见肘。

从战争末期到1955年的这段时间时常被称为"学习期"。之所以这样说，是因为它意味着这段时期正值共产党"从做中学"的时期。他们的目标是改造社会，因此在追寻的具体过程中，其目标就被打上了兼具实践性和理想性的双重色彩。简而言之，他们在行事风格上不仅讲究实效性、政治性和经济性，而且还注重正当性或公平性。他们致力于改善工人阶级的生活条件，改善经济结构和社会机能，同时，出人意料的是，还加强他们对资本主义发展的支持力度。

在马拉古奇看来，他可以从当地居民的经历中吸取教训。他投身于共产党正在做以及能够做的事情中，他内心也充满着如他们那般的雄心壮志。他认识到，他也能够从他所着手做的事情中增长知识。这就意味着他已然发觉，在受到专业性训练之前，他就可以尝试着以实际行动去改变一些事情。他还认识到，为了实现目标，他，如同共产党那样，应该兼具实践性和理想性于一身。这两种信念不只难以践行反而还时常自相矛盾，但是，当我们追溯马拉古奇的所作所为时，你们必然会面临做出这种评价的问题，即他是如何做到实践与理想并行不悖的。

综上所述，我们知道了马拉古奇的童年和成年早期都是在法西斯主义的阴影下度过的，这样他就鲜活地见证法西斯主义与战争对周围人所产生的影响。他亲身经历了饥饿、贫穷，所在社区的基础设施的被破坏、食物配给，以及对知识、思想、阅读和质疑的抨击。他的经历允许其对自己早年所受教育中的教会权威展开批判性反思，并且使他认识到由工会、农民、工人、工厂主、行政人员、女人、母亲、教育者、政治家等人所扮演角色的重要性和丰富性。

1945年以前瑞吉欧·艾米利亚自治市的早期儿童教育历史

概览了意大利的历史，特别是共产主义与法西斯主义共同发展时期，及其对马拉古奇的生活与思想所产生的影响后，我们现在且将关注的重点集中到"二战"末期以前瑞吉欧·艾米利亚市学前教育的早期发展上，此时正值马拉古奇刚成为一名受过培训的教师。

很早以前，国家层面就已经开始关注并为早期儿童照料与教育提供支持。在19世纪意大利统一后的十年间，全国乡村托儿所协会（Asili Rurali per L'infanzia，负责照管乡村早期儿童）的主席请求国王为一些学前教育机构发展提供支持。此外，天主教在19世纪和20世纪的很多时候，以社会慈善服务以及宗教培训的形式，为处境不利的学前儿童提供家庭以外的援助。然而，对于绝大多数的意大利人而言，特别是在20世纪的相当长时间里，基于家庭的协助式儿童教养模式仍然被认为是最规范和最理想的方式。教养幼儿的责任，特别是教养婴儿和学步儿的责任，往往被视作整个家族中妇女们的共同责任。

总体而言，20世纪初期的意大利在幼儿教育观念上有了不少重要进步。在工业发达地区，一些社区和私营企业主开始尝试着为学龄前的儿童提供有组织的教养。

1907年，玛利亚·蒙台梭利（Maria Montessori）在罗马的圣罗伦索贫民窟创办了第一所儿童之家。在这里她用自创的方法与教具对残疾儿童开展教育实验。观察、个性主义及自我教育等都是其教育方法的口令。1912年，随着英文版著作《蒙台梭利教育方法》(The Montessori Method)的出版，蒙台梭利一举成名。之后，她在米兰又创办了第二所儿童之家，不久，米兰的母亲们为了能谋取自身职业便开始提出设立学前教育机构的要求。在我看来，蒙台梭利于1924年犯了一个错误，即接受政府对其教育方式的支持。十年后由于蒙台梭利不愿再接受墨索里尼的要求，从而招致墨索里尼关停了国内由蒙台梭利创办的所有学校。希特勒掌权后同样的命运降临到了她在德国创办的学校身上。有意思的是，关注与倾听儿童，将儿童看作独立的个体，并专注于儿童是如何控制自己的学习的教育方法，居然对当政者构成了如此巨大的威胁。

以同样的教育方式产生了重要影响的是罗莎（Rosa）与卡洛琳·阿加齐（Caroline Agazzi）这对姐妹，她们就如何教育儿童和怎样培训教师提出了新的观点。她们的兴趣点在于幼儿是怎样在一个家庭般的环境中，运用被她们称为"自然能力"（natural abilities）的能力去表达自我的。也许你们很想知道这里是否存在诸如"家庭"机构以及在很多时候被认为是优于其他家庭的家庭存在。也许你还想知道她们关于教育的想法是否与学习有关。

仅以瑞吉欧·艾米利亚市为例,众所周知,这个地方在"一战"期间遭受了巨大损失,因此其后来的经济系统是在废墟之上重建起来的。在面临着成千上万的人失业的情况下,本尼托·墨索里尼(最初是一名共产党员)开始对共产党大失所望,并亲手建立起可与之匹敌的法西斯党。1922年,国王请他组建政府,他遵照执行并执掌该政府,直至1943年被罢黜。得知此事也许你们并不会感到惊讶,即墨索里尼曾对阿加齐(Agazzi)姐妹的观点留下了深刻印象,并且在其统治下,从1925开始一个公立的全国性母婴服务组织系统(National Organisation for Mothers and Infants,NOMI)逐渐被建立起来,以为国内广大贫苦家庭的儿童提供照管和帮助。也正是在这段令人毛骨悚然的专政时期,墨索里尼在教育系统设立了被称之为种族改革(Gentile Reforms)的机构。此教育体系规定为6岁以下儿童提供的教育不是义务性的,且在整个法西斯统治时期,该体系都由天主教会把持。事实上,这一教育体系是经教会批准才成为一项由官方颁布的国家政策的。1925年一项名为《保护与援助婴儿》(Protection and Assistance in Infancy)的罪恶法令颁布实施,坚持以国家力量来扶持多子女家庭,以达到墨索里尼增加人口数量的目的。

因此,这就是当墨索里尼开始思考要终身致力于教学与学习时而恰到好处地建立的体系。

"二战"结束后的第一年,意大利成为一个民主制国家,君主制宣告结束。在战争的废墟中示威者团体开始组织起来并就保卫妇女权利问题展开热烈讨论,呼吁为学前儿童提供世俗教育。她们一致要求公开承认儿童权利与母亲们所扮演的角色在国家、政治、文化和经济上所具有的重要意义。

马拉古奇是这样叙述瑞吉欧·艾米利亚学前教育创办经过的

1992年3月,我非常有幸能够随团一起访问艾米利亚·罗马格纳,这个团体非常想要更进一步了解该地正蜚声内外的学前教育的发展情况。在访问期间,我们与马拉古奇一起交谈过。事实上,我们花了一个下午的时间来聆听他介绍创办瑞吉欧的整个奇妙过程。这就是他向我们讲述的那个故事,改写自我当时所做的笔记:

"二战"期间我们这个地方的人们历尽苦痛,虽然战争结束后人们还徘徊在绝望的边缘,但却从未放弃过希望。在重建家园的时候我们感受到冥冥之中存在着类似于活力的东西,因为我们现在已经有机会去掌控我们的生活并创造更好的未来。我们特别认真而严肃地思考了关于孩子们的问题。他们长期经受着战争所带来的摧残。我将向你们讲述的故事就是在这种背景下开始的。

在距瑞吉欧仅7公里之遥的维拉塞勒镇的小山上,一群农妇偶然遇到了一辆废弃的德国坦克,一辆卡车和一群马。这些东西在当时的人们看来是令人难以置信的。因为,我已经说过,这里的人们正处于饥饿贫困之中。她们很快地意识到,这些被发现的东西可以作为改变自身生活与社会现状的资源和动力。于是她们从废墟中清理并收集了一些砖块,将其连同所发现的卡车、坦克和马匹卖了出去,总共赚了80万里拉。这笔钱都悉数上交给全国解放委员会(the Committee of National Liberation, the CNL),后来经过多轮辩论和协商,终一致同意用这笔钱来建造一所学校。有意思的是,男人们当时想用这笔钱来建一个剧院,这无疑是一个值得思考的问题,但妇女们却认为这笔钱应该用来建一所学前学校。此刻你们是否能够发觉出文化的重要性——文化在记忆和保存作为群体的我们所做过、所珍视以及所赖以生存的事物的意义上所具有的重要性。

村民们坚定地要为孩子们提供一些不受天主教控制的教育，在"二战"期间由天主教控制的教育是为法西斯主义服务的。他们想要一种能确保后代子孙不再遭受不公正和不平等对待的新的教育形式。当地一个农民捐献了一些土地，来自各个地方的人们——工人和农民——有些是幼儿家长，有些不是——为了创建学校都在晚上或周末加班加点地工作。当地的一家建筑合作商也为此提供无私的服务和机器设备。（Personal notes）

马拉古奇在他自己的著作中也流露出他的真情实感。这是他第一次参观维拉塞勒镇第一所正动工兴建的学校时所留下的文字：

我回到了家里。满心都是惊叹，并被一种满是惊奇的感觉笼罩着，它们是如此的强烈以至于超过了我所体验到的快乐……我心中所有的榜样都被一笑置之地推翻了；以后，每当建造一所学校时我将会不由地想到这样一群人：女人、农场工人、工厂工人、农民等，他们自身都还深陷于战争所带来的创伤中不能自拔。然而同样是这群人，却默默无闻地，在没有技术职务、建造许可证、现场指挥者以及来自教育部门或执政党的督察员督导的情况下，居然能够依靠自己的力量一砖一瓦地建造起一所学校，这是第二个悖论。

（Malaguzzi, 2000：13，转引自 Thornton and Brunton, 2005：10）

施工于1945年5月1日开始，经过8个月的辛劳，以及整个社会的积极投入和参加，学校在市长的亲自主持下开学了，首批招收了30名学生。这所学校被称为"四月二十五日学校"，以作为对解放日的纪念。挂在学校正面的匾额上篆刻着一段感人肺腑又鼓舞人心的献词：

> 男女携手，我们一起建造了这所学校，因为我们想为我们的孩子们营造一个全新而又与众不同的地方。

这无疑为我们树立了一个榜样，并强有力地表明，如果大家都认为必要的话，经过努力争取，一切终将遂人愿——为该地区的孩子们创造一个公平的未来。男男女女们带着最初的梦想，既掌握了自己的命运，也改变了历史。他们以重视儿童为基本原则，为儿童的合法权利和人生机会而战。值得关注的是，重视儿童及其权利并不是一件新鲜事儿。在那附近有一所由塞索（Sesso）创办的名为"塞索罹难者"的学前学校，以纪念1943—1945年期间在此地被法西斯主义者处决的33个人。随着这场运动不断蔓延开来，妇女在其中所扮演的关键性角色也尤为引人注目。

马拉古奇为我们继续讲述着他的故事。

> 当我听说维拉塞勒镇在新建学校的消息时，我才刚刚成为一名教师，听说农妇们在建学校，我立马骑上自行车赶过去看个究竟。我看见妇女们在河边清洗砖块，当我问她们这是要用来干什么时，她们告诉我将用其建学校。我告诉她们我是一名教师，她们则问我是否愿意去照顾她们的孩子。她们对我所说的话我将永生难忘：我们的孩子与富人家的孩子一样天资聪颖，我们想找个人来好好教育她们，以为他们的人生创造一个

更好的机会。我告诉她们，我虽然见识浅薄，资历尚浅，但我保证我将尽我所能地去担负这项使命。我告诉她们，我愿意与孩子们一起学习成长。(Personal notes)

对马拉古奇而言，这是一项有助于成长的经历。他当时虽然年仅25岁，但却已然认识到往后被证明是真理的事实：历史确实可以被改变的，而实现这一改变的最有效方式，就是通过有儿童、家长与整个社会参与的解放行动以及高质量的教育。

在接下来的年月里，马拉古奇且行且学，最终做出了这样的决断：为了向人们阐明他的目标并赢得他们的信赖，最最重要的即要尽可能广阔地融入瑞吉欧·艾米利亚市的社会生活。他向我们讲述了很多前往深山老林拜访孤村野户的那令人惊叹的旅行：

我们设法说服了铁路部门借给我们一列火车——仅用一天。火车上满是我们精美且令人感到欣喜的东西——玩偶、彩绘和纸张。我们精心装饰了火车的外观从而使它看起来颇有几分神秘感。每到一个小村庄我们就会找个广场搭建起一个展示摊，或者在更偏远的地方摆放一串令人欣喜的东西——如在地上放置纸制脚印或在树上挂上会飞的纸质小鸟——以吸引小孩子带着他们的父母出来寻找我们。然后，当孩子们在游戏、跳舞和画画的时候，我们就会趁机向家长们介绍我们想要做的事情。(Personal notes)

在一张由瑞吉欧儿童创制并追溯其学前教育诞生之奇妙故事的光盘中，有很多在瑞吉欧及其他市镇组织的日常活动的精彩场景。向人们阐释与展示孩子们及其老师们所做的事情。我们看到孩子们正绘制精美的图画，在大街上跳舞，以及化装表演他们镇上所发生的故事等。

20世纪50年代末，随着意大利经济的迅速发展，人们开始远离贫穷的南方和乡村而迁移到北部及中心城市。更多有孩子的妇女进入劳动力市场。因此，意料之中的是，在那段时间里，为了响应家长们的需求，瑞吉欧·艾米利亚市的市镇当局开始为3—6岁的幼儿建立学前学校。最为重要的是这些都是不受教会控制的世俗性学校。正是在这个时候市镇当局也接管了成立于1945年的原学前学校。令人为之动容的是，直至此时，原学前学校是由一群当地人自行管理的，他们包括家长、工会、工人、教师和其他相关人士等。1970年，第一所为3个月至3岁幼儿服务的婴幼儿中心应职业妇女们的要求在市镇当局的主持下开办了。

马拉古奇通过实践并在实践中学习，成了学前学校里（包括后来的婴幼儿中心与现今的联合中心）最重要的儿童教育专家和方案制订者，并主管由民间掌控转移到由市镇当局掌控的权力转接问题。这是一个充满压力、紧张或政治对抗的时期，然而通过持续协商、斡旋，以及对各方意见的尊重，一切都继续朝前发展着。

对马拉古奇思想产生了影响的一些人物

我们对于马拉古奇所阅读和学习的内容，以及青年时期所保存下来的文字相对知之甚少。但我们知道他接触过杜威（John Dewey）的思想和观点，杜威是美国卓有成就的思想家，他将儿童视为一个被压迫的群体，既无法表达出自己的心声，又常常遭受来自成人的控制。为了改进社会中这一弱势群体的处境，他开始思考如何才能为生活在贫民区、拥挤的城市街头、农场或移民儿童提供最好的教育。他关心诸如社会阶层、贫穷、偏见、正确与错误之类的事情。他想要变革学校系统从而使其与发生在战时和战后的社会变化更明朗地联系起来。在杜威看来，每个孩子都是一个独立的个体，在如今的美国，他们不再在大家庭、小家庭或工作场所中扮演着关键性角色。杜威本身就是一个杰出的思想家，他的所作所为在很多方面持续影响着不仅包括美国而且是更多国家的教育机构。他坚持认为学校应该对所有儿童开放，儿童应该积极分享教师们所提供的帮助和指导。儿童将学会富有合作精神地行动，他们也将相应地改变社会。这些观念对马拉古奇正在发展的意识是很有吸引力的。

几乎可以肯定的是，马拉古奇非常了解安东尼奥·葛兰西（Antonio Gramsci）哲学和政治上的事情，这其中就包括懂得权力关系的重要性，以及儿童及其家庭在受教育机会上的平等与不平等的问题。除了其他观念外，葛兰西发展了"文化霸权"（cultural hegemony）的观念，以作为挑战资本主义及其是对西方发达文化所产生影响的方式。在他看来，试图依靠残忍的暴力来取代当权者的行径是没有用的。那些想要挑战现状的人所应该采取的，必须是渐进地批判或改变时下主流标准和价值观的方式，才能行得通。正如你们将会意识到的，这种渐进的方式特别适用于对年幼者所施行的教育。要知道，马拉古奇可是希望自己学校的儿童能够质疑既存社会结构与价值观、曾支持过法西斯主义的天主教会的权力基础，以及既存的妇女毫无权利的文化现状的。通过思考与质疑这些事情，他们自身将变而成为挑战者和改变者。

在葛兰西看来，这种改变需要经由多个方面，特别是教育方面，才能得以完成。为了实现这种改变，通过全国学校系统而得以实现的公共教育，必须在最基本的水平上，向学生传授思考与解决问题的新方法。马拉古奇的计划受此启发后，即将确保获得当地政府的持续支持作为其所设计的革命性改变的组成部分。发生改变以前的教育体系是一种"储蓄教育"（banking education）体系，受教育者通常都被按照某种社会角色的需要，而接受具备更多专业知识的成人的施教。除了那些至少涉及了些许权力——与金钱——的问题被引起思考外，马拉古奇当时还在思考一些更具有机整体性、挑战性和潜在威胁性的事情。

葛兰西的文字和表述晦涩难懂，常常令人不知所云。马拉古奇从其思想中吸收的是这样一种信念，即当大家众志成城地朝着一个共同的社会目标努力奋斗时，即使是社会中最弱小、最贫穷的人也能够获取挑战现有规范和习俗的力量。联合起来，他们就能够颠覆那显然不公平和不平等的惯例。想想英国妇女为了提高广大妇女同胞们的社会地位，是如何通过团结一致地挑战现状而获得投票权的。接下来再想想瑞吉欧·艾米利亚市的农妇们为了提高广大儿童和劳动妇女的生活品质，又是如何向当地现状发起挑战的。

我们知道，马拉古奇读过并深受让·皮亚杰（Jean Piaget）和列夫·维果茨基著作的影响。在他的著作和演讲中，每当提及他们时，他都将其称为"我们的皮亚杰"和"我们的维果茨基"。这种所有格代词的使用是可以理解的，并且它在涉及到维果茨基这位马拉古奇终其一生的尊崇者时显得尤为令人感动，然而，由于马拉古奇的观点（开始）变得与皮亚杰的如此不同，因此，当以类似的方式谈到皮亚杰时则颇能引人感兴趣。里纳尔迪（Rinaldi）的解释是，使用"我们"这一亲切语态所传达的含义是为了表达对皮亚杰为他早年执教时期所提供指导的感激之情。当他后来开始更加意识到与儿童对话的重要性时，他开始对皮亚杰不重视历史的、社会的和文化的影响的做法表示怀疑。我们的维果茨基和我们的马拉古奇源自于这样一种体系，即在否认一群人的机会同时又限制其他人的机会。一点儿也不奇怪的是，马拉古奇当时决定对任何一个体系的分析——比如说教育、卫生保健或住房供给——必须依据历史，从而以史为鉴。因此，当计划为瑞吉欧·艾米利亚市的孩子们建立起学前教育体系时，马拉古奇详细而周全地思虑了当地的历史问题。于是，他做出了这样的决定，即幼小的学习者应该在热心且得体的受过教育的成人的支持下，提出自己的问题并自己去寻找答案。

维果茨基的学习观认为，社会是如此地重要，尽管他，像皮亚杰一样，视婴儿初学者为乐此不疲的探索者，但是他却将婴儿这个探索者置于特定的文化和环境背景中，此间包括很多其他人，其中有些人比婴儿这些小探索者更专业，从而能够既为其提供榜样，又可为其学习提供帮助。维果茨基写下了很多关于区别学习者的潜能与学习者因见闻而获得的能力，以及谈论最近发展区的文字。所谓最近发展区，就是指学习者在别人的帮助下，从一个被观察出的成就水平发展到另一个更高水平的区域。

虽然不知道马拉古奇是否接触过保罗·弗莱雷（Paolo Freire）的著作，但可以肯定的是他们在一些观点和原则上具有共同点，并且在瑞吉欧·艾米利亚市还有一所以其名字命名的学校。他们俩都致力于一种民主教育：弗莱雷在巴西本土开展扫除广大成人文盲的活动，试图引导他们阅读并探究社会生活，而马拉古奇则与儿童及其家庭一道以使幼龄儿童不仅能够回答问题，而且还能够提出问题。他们俩都发现了我们常称之为"对话式教育"的重要性。在这种观念里，学习者不被视为被动的需要被填充的空容器，而是意义的主动追寻者。弗莱雷曾受杜威和维果茨基的影响，与马拉古奇一样，可以被称为是一个社会建构主义论者。他们之间应该存在有很多接触点。

马拉古奇沿着玛利亚·蒙台梭利的言行行进。作为意大利的第一位女医生，玛利亚·蒙台梭利沿着诸如卢梭（Rousseau）、裴斯泰洛奇（Pestalozzi）和塞金（Seguin）等著名哲学家的足迹前行，展露出我们所谓的欧洲进步主义哲学思想的十九世纪晚期版本。她坚信所有儿童都拥有她称之为"自然智慧"(natural intelligence)的能力,即将儿童定性为是理性的、经验的和精神的存在。她最终因得罪了法西斯党而逃离到美国,在美国,她的教育方式盛极一时。

后来,马拉古奇接触到了尤里·布朗芬布伦纳(Uri Bronfenbrenner)的著作,他的著作详细地考察了文化、历史和社会,并讨论了环境的层级,认为所有这些都将通过家庭(他称之为微系统)这一最亲密的环境对任何儿童产生影响。通过这个微系统,儿童与教师、宗教领袖、邻居等相遇并建立起联系;到外系统,它虽与儿童的身体距离较远,但仍然对其产生影响——家长的职场规则、社区中的资源等;及至最远的宏系统,它是一个由文化观、习俗和法律等构成的,对儿童及其家庭产生影响的系统。后来他还提出了历时系统,它涉及相关事件的时序问题——如父母亲(一方)的离世、某人出生、搬到一所新学校或新家,或升学等。我们将会考察其中一些对马拉古奇思想所产生的影响。

马拉古奇阅读杰罗姆·布鲁纳(Jerome Bruner)的著作,与他相遇、交谈,并开始将其视为知心好友。这位著名的美国心理学家、作家兼思想家天资聪慧,且尚在人世,并至今还很活跃。当你拜访瑞吉欧的孩子们和马拉古奇中心时,除了可能会找到类似诸如纳尔逊·曼德拉(Nelson Mandela)之类的人物的照片和信件外,还可以找到布鲁纳寄来的照片和信件。在他的早年研究中,布鲁纳的兴趣点一直都是早期学习问题,并在此方面还与维果茨基的许多观点保持一致:他坚信所有的学习都是社会性的,语言对学习而言至关重要,文化和历史决定学习的特征,附加的专业性人员可以为学习提供帮助和鹰架,意义的形成和分享主要来源于叙事,游戏和仪式在早期学习中占据至关重要的地位等等。

最后将提及的影响人物是霍华德·加德纳(Howard Gardner),这不是因为他是最重要或无足轻重的一位,而是因为我所开列的名单必须就此结束了。加德纳最负盛誉的是其对多元智能理论所做出的贡献。他认为智力不能被定性为是任何单一的实体，或以任何富有意义的方式来评测。他对皮亚杰的很多工作提出了挑战，是坚定的个性、创造性以及我们所处社会不完美性的信仰者。他生于宾夕法尼亚州，其父母于1938年携年仅3岁的幼子埃里克从德国逃难而来此定居，且埃里克在加德纳快出生时死于一起雪橇事故。没有人向他提及过从德国逃难而来以及哥哥夭折的经历，但是他开始明了，在他的家庭里，已经不再承受肉体上的风险而越发关注对智力和创造力的追求。他成绩优异并最终考上了哈佛大学，在那里他遇到了精神分析学家埃里克森（Erikson）、社会学家里斯曼（Riesman），以及我们的朋友、他后来的同事杰罗姆·布鲁纳。如果感兴趣，一定要读读他的著作。最最重要的，他首先提出了七种智能理论。它们分别是语言智能、逻辑-数学智能、音乐智能、身体-运动智能、空间智能、人际交往智能以及内省智能等。后来他又在这七种智能的基础上拓展了自然探索智能、灵性智能、道德智能及存在智能。待再来看马拉古奇的思想时，我们会发现加德纳对其所产生的深厚影响。

瑞吉欧的政治差异性

在里纳尔迪那本著名的关于瑞吉欧·艾米利亚市的书中，格尼拉·达尔贝格（Gunilla Dahlberg）和彼得·莫斯合写了一篇序言，非常清晰地概述了瑞吉欧·艾米利亚市在政治史和文化中所确定发生过的事情。他们开篇便提示道，瑞吉欧·艾米利亚市所发生的所有事情都可以被看作一场由全社会参与的教育实验。这场实验到现在为止已经持续进行了45年以上，从而使其独树一帜。这在世界范围内都是绝无仅有的，即使在美国，加德纳使我们想起，他们一直引以为豪的理论上倡导合作性学习、创造性课程、家长参与、社区参与，以及发现法等——但都采取成人的说话方式。英国也同样如此。关于珍视创造力、培养好奇心、独立能力，包容心和个性，以及家长支持的重要性等已经说得太多了，而我们现在甚至还从儿童跨入正规教育门槛的那一刻开始继续对他们展开测验。在很大程度上令瑞吉欧与众不同的是其所展现出来的意志力——不，是紧迫感——对他们所作所为的质疑与批判，以及为了实现展开一场教育实验而协同工作的事实，这无疑是需要得到所有参与到这场实验中来的人的理解、珍视和尊重的。参与到这场实验中来的人有孩子，当然，还有他们的父母，以及那些在学校工作的人，与孩子们相遇的人，他们都是或都将是孩子。这是当地民众所具有的重要内在特质。

瑞吉欧的工作人员一直都从不同学科和文化中吸取新的思想。马拉古奇坚定地认为教育或教学不能被孤立地视为一门学科。它深深地植根于社会中的价值观念、规范、信仰、实践和改变等。这使得它在本质上就被打上了政治的烙印，且必须对经济、科学、艺术、关系或习俗等的变化做出反应。而所有的这一切又均会对所有孩子产生影响——甚至是最幼小的孩子——他们生活于一个社交性环境中，只有通过理解他们的所见所闻才能懂得人们的谈话内容，并在现实情境中运用自如。对马拉古奇而言，他和他的同事们所持有的思想可以被比喻成一盘混乱的意大利面，表明学习只是以断断续续的方式，并没有因获得逻辑、有序的改变而取得进步。这是瑞吉欧行事风格的最重要特点，而这一点也与其他事情一样，根植于其特殊的历史背景。

然而，瑞吉欧对我以及其他很多人而言如此"与众不同"的原因，就是它执着地相信能够创建起一套民主而激进的秩序。这一切都植根于瑞吉欧自身的历史和文化。我们已经知道了不少关于瑞吉欧的幼儿服务体系是如何建立在可增进互惠与互信的基本需求与以实践为纽带而构建的社会生活这一悠久传统基础上的事实，帕特南（Putnam，1993）将此称之为社会资本。这里（还有其他地方）是意大利左翼政治力量发展的沃土。然而，不止于此。瑞吉欧的故事基本上还是一个妇女不仅为她们自己生活和权利而斗争，也为争取儿童权利而斗争的故事。

瑞吉欧体系的另外一个可能是独特的方面，即历任市长们和市政当局一直都积极参与到该地学前教育体系的建设当中，为其发展提供资金和其他支持。路易吉·雷威尔西（Luigi Roversi），1902—1920年期间任主管该地的市长，是一位社会主义者兼人道主义者，1912年在他监管之下一所世俗性，名为维拉·加亚（Villa Gaia）的幼儿学校成立了。他渴望通过创立并赞助一所学校，以教育为工具，来战胜贫穷、愚昧和怯懦。简而言之，即将教育作为自由思考、自由质疑和自由贡献的工具。你们认为20世纪20年代初期法西斯政府率先采取的行动会是什么呢？那就是关停这所学校。

我们已经看到，在"二战"末期，职业妇女们是如何开始在要求为自己的孩子提供既公共又有质量的学校教育上发声和行动的，正是这些妇女提出了质量是学校教育的一个关键组成部分的问题。1945年，她们成立了意大利妇女联盟（Unione Donne Italiane，UDI），致力于维护社会中那些表示愿意联合起来以谋解放的各个妇女团体的利益。当时，妇女还没有享受投票、产假或求职平等等权利。意大利妇女联盟虽然是一个全国性的机构，但其运转仍停留于区域性和地方性的水平。然而，也正是在这种水平上，瑞吉欧市的妇女联盟机构却非常成功地使妇女成为该地区认真而活跃的提倡者。"二战"末期，瑞吉欧市有很多人加入了共产党，在他们以及许多市民的支持下，市政当局开始扮演越来越重要的角色。

这就意味着多年来由政府所提供的支持不曾中断过：与之相应地提供了很多资金；就工人雇佣与教育问题所展开的谈判与签署的条款大有

进展；社会与工会的积极参与；与妇女团体开展合作，并就教育问题组织咨商。作为一个范例，马拉古奇坚持将自己的提议置于讨论之中并为之辩护，即每一处婴幼儿中心和学前学校应该配备一处工作坊，在那里教师/艺术家/科学家可以从事自己的工作。他坚信，如果孩子们能够自由地出入这种工作场所，那么艺术家也将会受益匪浅。只需看看这么多年来所出现的那些作品，你们就会发现他所坚信的是多么的正确。然而，他认为这些人都有必要参与到教育系统中来——家长、教师、工人和儿童，以及那些为他们提供帮助，能够质疑乃至具备裁决其提议之才智的人。正如你们所知，工作坊后来成为了所有学前教育机构的典型特征。

1971—1972年间，马拉古奇，与家长、市政当局、工会和妇女团体一道，共同致力于为学前学校和婴幼儿中心提供新的立法保障（此立法于1973年问世）。结果，这些学前教育机构不仅开始聘用男性职员，而且要求所有的教师必须拥有高中文凭或学历，同时，要求包括专门的职业发展与在职培训在内，职员们每周工作时间设定为36小时。每班配备两位教师和一位协助者，另有一位驻校艺术教师、一位厨师，以及一位充当婴幼儿中心与接收学校联络员的教学协同研究人员（组织者兼协调者）。每一个中心地区均设立一处学校委员会，以供讨论教育和教导问题。现在，虽然还有一些各自独立的婴幼儿中心和学前学校，但是有意推进这两种学前教育机构融合的努力却正在被悄然推进。

1978年，古斯塔沃·塞尔瓦（Gustavo Selva），一名国家广播电台的评论员，发起了一场非常龌龊的为期七天的口诛笔伐，旨在反对市政当局关于发展学前教育的政策。这件事情在最大程度上被采取了最民主和最透明的处理方式。马拉古奇及其同事们，与市政当局一起，同时开启了持续数月的关于学前学校与婴幼儿中心的公共监督与社会讨论。他们选择不但不逃避批评，而且还认真对待它，解决每一个出现的问题。这是一种积极的、耗时的，且非常民主的处理方式。我们将在第九章再回过头来讨论有关幼儿教育与民主的问题。

小结

在这开篇的一章里，我们着眼于知无不言地去探知一个非常注重隐私的人的私人生活，然而，至为重要的是，详细地考察了他思想形成的时代背景；他出生、成长、接受教育和生活过的地方的历史；他工作生涯中的重要事件以及对其思想产生过影响的人物。他是一位教育家，一位视教学（教学的艺术与科学）不只为仅仅传授简单知识的教育家。通过置身于孩子们中间，注意和倾听他们，并对他们进行细致而敏锐的观察，马拉古奇记录下了他们所参与的学习、认识和理解过程中所发生的乐趣，对他而言，这些快乐感和不时产生的胜利感就是一种必须被培养的标示，尽管困难重重且时常需要付出努力去面对，但必须为学习与认识的乐趣、意义的生成与分享、情感的表达、疑问的提出与解决等留下空间以保证其能够存在。这正是他借此意欲实现的目标。

在接下来的章节里，尽管我们将较为详细地探讨他的教育思想，但我将时时提醒你们记住在瑞吉欧·艾米利亚所发生事情的独一无二性。有些教育家，因被孩子们创作的精美艺术作品，看见那巧夺天工的建筑，以及源源不断地运送给瑞吉欧的礼物，感动得流下热泪，由此而认为他们也能采取此法为自己所用。瑞吉欧确实有很多值得学习的地方，但尤为重要的是要想到，瑞吉欧并非一剂处方或一套课程，甚至被认为是可以简单地从一个地方、一种文化、一段历史复制而来的事物。

生僻术语表

在《维果茨基导论》一书的每章结尾处都有一个术语表;而在《布鲁纳导论》一书中,则是直接在书后附上一张术语表,本书也采取了这种方法。因此,如果你们遇到了一个词——英语的、意大利语的或任何其他语言的——意思不甚明确者,都可以通过翻阅书后的术语表来获取帮助。

CHAPTER TWO
What makes Reggio Emilia so special

第二章
是什么使得瑞吉欧·艾米利亚如此特别？

> 为了给正在学习的孩子们留下空间，我默默地站在他们身边，仔细地观察他们正在做的事情，然后，如果大家都能够很好地理解孩子们的所作所为，也许教育方法将会变得与从前大为不同。
>
> （Malaguzzi in Edwards *et al.*, 2011: 57）

瑞吉欧·艾米利亚的学前教育机构没有预定的课程；他们既不对孩子们进行任何测验，也不要求孩子们达到任何预期的目标或指标；不要求教师们持有任何本科层次的学历。然而，他们却经常被誉为世界上能为孩子们提供最好教育的地方。这到底是怎么回事呢？

理论与实践

马拉古奇涉猎广泛，不仅深受许多在西方世界享有盛誉的理论家的影响——布鲁纳、维果茨基、皮亚杰、布朗芬布伦纳、杜威等，而且还深受很多其他小有名气乃至籍籍无名者的影响。

他受到哲学家弗朗西斯（Frances）和大卫·霍金斯（David Hawkins）的影响，他们两人曾至少两次亲访瑞吉欧，并在许多发达国家和发展中国家工作。他们感兴趣于孩子们不仅是拥有能力和好奇心的存在，而且重要的是还能够追寻自身的兴趣。大卫·霍金斯划分了能够捣腾和正在捣腾某件事情之间的区别。两者重要的不同之处就在于意向。孩子们乐此不疲地捣腾，并有意投入到探索活动和调查活动中；教师的角色因之而变成与家长、同事以及孩子们自己一起，去密切观察、记录、再访并解释孩子们的行为。你们能够看到瑞吉欧所推崇的与此种观念是有多么密切的关联啊。

大卫·霍金斯向人们描绘了一项他与搭档共同设计的一个方案，反映了他们，即成人可以从孩子们"捣腾"的行为中学到些什么。此方案是关于行驶及其方式和原因的：

> 作为教师，我们一直都试图通过自己的观察，来更好地保持孩子们对行驶所产生的兴趣。室内的储物架上放满了各种回收材料、黏合剂、电线、绳子、卷尺、木片和硬纸板，我们要开始制作汽车了。在建造并实地测试了很多汽车后，我们邀请了一小组孩子来对我们的工作进行评价。这些孩子都想知道我们建造这些汽车的原因，因为其中有很多汽车要么不能行驶太远，要么不能行驶太快，其他的则甚至根本不能行驶。与我们的工作相似地，孩子们是依据他们自己的行驶速度和距离来对

物体进行分类的，这涉及孩子们的"行驶度"问题。当教师们开始沉浸于交通这项主题活动中时，是孩子引导我们这项工作所涉及的概念是行驶本身所固有的，如速度、加速、距离、时间和摩擦力等。行驶的初期工作后来掀起了全校性的缆索铁路调查研究热潮，两者并行不悖而又相互促进，是由相互联系的概念所引发的连锁反应。

（Kluger-Bell, cited in Hall, 2010）

同样对马拉古奇产生了影响的是塞奇·莫斯科维奇（Serge Moscovici）的著作，他关注包括幼儿在内，人们在团体中得以进行交谈所必需的事物。他坚信人们必需拥有一套分享认识的系统，特别是"共同的"认识之外或对该团体而言具有特殊意义的概念和观念。他将此称为社会表征，在这套系统内，特定社会团体中的人们的言谈被负载上了特殊意义。从大卫·霍金斯提供的案例中，我们可以得知那群孩子是怎样被邀请参与到那项在他们教室内进行并采用了"行驶度"这个词的科学实验当中去的。我们都非常清楚，律师在语言风格上往往令外行人难以揣测，并且它也越来越多地与推特（Twitter）及其他社交媒体系统的语言风格趋同，因为非本文化团体中的人是非常难以把握这种团体语言风格的。因此，社会表征可以被界定为：

它是涵盖了各种价值观念、意义及带有双重功能的实践的综合性系统；首先，它通过建立起一套秩序，以保证个体能够在各自的物质与社会环境中找到相应的位置，并占据支配地位；其次，它通过为集居群体的成员提供一套社会交流的道德标准，并为其所处环境的各个方面与个体及群体的历史提供一系列明确定名和分类的规范，以保证群体的成员之间能够进行沟通。

（Moscovici, 1973）

对此而言极为重要的是，意义是通过社会协商而不是通过成为一件确定无疑的事实而创造出来的，并且，它只有通过对其所处社会环境的更多方面进行更好的认识，才能够得到更好的自我阐释。当你们开始阅读关于制作幕布的相关章节时，就会发现孩子们使用适合于自己的语言的一些事例——像变形和细胞之类的词——此时这些词成了孩子们自己词汇量的一部分，这有时是因为某个小孩将一个新词引入到群体中（如细胞），而有时则是因为他们在与成人互动过程中使用到该词（如变形）。

另外一位对马拉古奇产生了影响的人物是瑞士心理学家加布里埃尔·芒各里（Gabriel Mugny），他通过观察个体独自或在群体中的表现而发现，只有当少许冲突发生时，接近终了时的表现才会更好一些。这是一项很有意思却又可能令人感到不安的发现。然而，通过仔细阅读其著作，就会发现这种情况下出现的冲突，意味着在一个群体中有两个或者更多的人，就应该如何去做，并必须以何种方式去解决这一冲突存在意见分歧。我们可以将此称为认知冲突或社会认知冲突。马拉古奇在谈到芒各里的发现时称其为人际认知结构。

我们一起来分析这样一个案例，它展示了幼儿是怎样在协同工作中证明存在分歧（或存在认知冲突），并从中吸取教训的：

有两组幼儿——一组是男孩儿，另一组是女孩儿——一直在为瑞吉欧剧院中的幕布设计而忙碌着。虽然经过漫长的努

力，最终却只有一个设计方案可以被采用，孩子们面临着究竟选择哪一个的问题。他们为此争论了很久，因为男孩儿一致认为他们的是最好的，而女孩儿也毫不示弱地为自己辩护。正当争论毫无结果之时，莱昂纳多（Leonardo）提出了让所有孩子在班上投票表决的建议，然而，乔瓦尼（Giovanni）却认为这样做同样会无疾而终，因为所有的男孩子将会给自己的设计投票，而所有的女孩子也将会给自己的设计投票。最后，费德丽卡（Federica）说道："我将改变我的决定。我们还是这样做吧——我们来为他们的作品做决定，我们来为他们投票。"

(Drawn on Vecchi, 2002: 90–91)

有意思的是，马拉古奇同样受到英国教育学家威尔弗雷德·卡尔（Wilfred Carr）关于理论与实践之关系思想的影响。由于对更陈旧和传统教学方法的不满越来越加剧，卡尔于是将其批判性眼光转向20世纪80年代末期开始流行的所谓反思性实践者和行动研究方法上。这些新的方法坚持认为实践胜于理论。卡尔对教学这一非常重要的实践活动表现出盎然的研究兴趣，虽然不得不开始对其进行理论探讨，但他仍辩护道情况未必应该如此。马拉古奇吸收了这种思想，认为太早且太过分地依赖于理论将破坏教师的创造力和自发性，因为他们可以相信自己的观察和直觉，并运用理论和自己的经验来更加坚定教育信念。对他而言，教师变成了研究者，也是理论的创造者。

研究

在马拉古奇看来，教师和学习者的任务就是一同去学习和再学习。通过这种方式，孩子们不仅不会为经验所塑造，反而还会自己去积累经验。他坚信孩子们的学习可以通过两条途径来观察。第一种即他们通过参与到某种活动中而发展自身的适应力，并探索思考和行动的方法。第二种即观察他们改造事物的方法。我虽然没办法找到合适的案例来解释这些见解，但还是能够提供一段貌似是介绍孩子们在探究艺术与科学时进行简短交流的小短文。

两个6岁的女孩儿来到学前学校，看到这里有一张半透明的白纸被贴在了玻璃上。成人之所以这样做，是因为他们已然注意到从树叶投射下来的斑驳光影。于是，受到这种物理世界光影效应的启发，她相应地采取了一些行动以对此做出回应，大概是为了提供另一种看待此类问题的视角。

以下是发生在那两个女孩儿之间的对话：

安格尼斯（Agnese）：这是一幅由细碎的阳光绘制而成的图画。

塞西莉亚（Cecilia）：它们看起来就像是太阳的小树叶。

安格尼斯：这是从树叶上投射过来的阴影。

塞西莉亚：但是，它究竟是由太阳还是由阴影绘制出来的一幅画呢？

安格尼斯：它就是一个时钟。我昨天和前几天也看到了它。当这幅画开始出现时（指着那张半透明纸上的光影），就是该吃午饭的时候啦。

（Gandini in Edwards *et al*., 2011: 306）

这是一个精彩的案例，它表现了孩子们观察、提问、做出假设、倾听别人的看法，以及探究艺术与科学的过程。然而，我不知道这是否就意味着孩子们进入到了活动当中，或获得了转换物体的能力。我认为这只是一个孩子们提出问题、分享观点，并发现物理世界某些现象的事件。

也许可以肯定的是，成人具有与儿童不同的认知方式，采取不同的问题解决步骤，信守不同的规则，提出不同的假设和理论，并遵循不同的（思想或行为）路径。如果再回头看看上文提及的"行驶"方案，你们定将会发现这些差异方面中的某些影子。

教师们或独自或与同事一起展开研究的目的，是发展并运用对孩子们的认知而言将产生助益的策略。他们要么从研究进入行动当中，要么从行动进入研究。这是一个螺旋式上升的过程。你们将会发现，在学前教育机构中的日常生活里，以及贯通此书的始终，总是会提到教师们所承担的研究工作。而这恰恰就是他们工作生涯当中所要做的事情。

由此而带来的影响是众多的。教师们认识到期待或要求孩子们向自己反馈他们已经知道的事情是不可能的：他们——教师——也都在不断地学习中。孩子们则得以在更大程度上被教师们了解。在不寻常的场合及某些困境中，这将带给孩子们与同伴一起协同工作的信心。为了实现既定的目标，他们变得更加坚持不懈。同时，他们所面临的选择范围也变得更加丰富和宽广。

所有的学前教育机构均为孩子们提供了最大灵活度的选择空间。他们既可以找到独处的地方，也可以找到一小群人或一大群人聚集的地方，有教师或没有教师的地方，待在工作坊里，到迷你工作坊去或大型广场去，甚或是天气晴好的户外等。每一个教室就是一个巨大的空间，里面被划分为各种各样的马拉古奇称之为"零售货摊"的小空间，每个小空间都为孩子们自己的项目或活动提供着选择机会。马拉古奇相信这种空间划分的方式正是对他们所生活于其中的城市的反映，在这个城市里，各处的广场、门廊和那雅致的中心广场，在很多时候都变成了真正的喧嚣市场。根据布鲁纳的观点，这种市场正以同样的方式扮演了他所谓的公共集会场（Forum）的角色：

> 一种文化在很大程度上就是一个意义的协商与再协商，以及将行为解释为一套规则或操作规范的公共集会场……正是一种文化的公共集会场面赋予其参与者一种持续创造与再创造文化的角色——这是作为一种参与者而非旁观者的积极角色，当适当的机会出现时他们就依据规则把他们公认的角色扮演到底。
>
> （Bruner, 1986: 123）

此外，瑞吉欧没有预定的课程，马拉古奇解释道，这是因为如果采用预定的课程，那么势必就会使学校朝着有教而无学的方向发展。因此，瑞吉欧的课程就由一系列或长期或短期的项目组成。虽然这些项目可以由教师们设计，但是孩子们的回应方式却由不得他们了。一个关于为剧院设计幕布的项目，也许会成为一组儿童的关于变形的项目，或者成为另一组儿童关于细胞的项目，甚或是成为第三组儿童关于颠倒圆顶屋的项目。重要的是要记住，在每一学年，孩子们都会重新去建造他们之前建造过的东西，马拉古奇认为，由于孩子们的经验能够令他们在学校这个共同体中找到适合于自己的定位，因此，教师们会格外关注它们，以便能够按照孩子们的发展水平采取相应的教育措施。马拉古奇非常喜欢"预先调查"（reconnaissance）这个词，并用其来描述教师们是如何在他们的会议和讨论、展览与工作坊中，与同事、政治人物、社区成员、儿童、咨询机构、家庭成员、来访者以及其他人等一起，运用她们已有经验的。

现在让我们一起来关注一下瑞吉欧学前教育体系内两类教育专家所扮演的角色：即教学协同研究人员（pedagogista）和驻校艺术教师（atelierista）。20世纪70年代中期，当一些直辖市开始在自己所辖范围内创办学前教育事业时，诸如博洛尼亚（Bologna）、摩德纳（Modena）、帕尔玛（Parma）和皮斯托亚（Pistoia）等中心城市，就已经开始出现教学协同研究人员或教育协调者的角色。这一角色被根深蒂固地嵌入到了瑞吉欧的教育体系中，并且教学协同研究人员以学校作为展开工作基础，他们不仅拥有自己的学前学校和婴幼儿中心团队。而且还与其他工作组保持联系。到2012年为止，此地共有13名教学协同研究人员，其中有10名除参与协调市政规定外，还直接而密切地分别与四所学校或婴幼儿中心合作。有两名则处于管理范围更宽广和职位更为高级的地位，他们涉及对全市范围内的教学工作进行统筹协调和管理。

教学协同研究人员的工作，在很多方面，相当于英国的教育咨询师。他们的中心工作就是关于教师职业发展的问题，正如你们所知道的，这也是所有教师的工作中必不可少的组成部分，他们以周为单位为教师们提供帮助。教学协同研究人员所关心的是确保其所提供的教师职业发展服务能够既尊重个体需求，又能够循序渐进地进行。因此，他们在安排会面时总是试图尽可能地使其在兼具独立化与专业化的同时，又不失连续性。教学协同研究人员说道，作为专业人员，他们的目标就在于用理论知识去支撑具体实践，同时，由于他们的工作内容非常复杂，因此他们要定期并经常与一系列利益相关者保持联系。例如，当向一组家长解释某些事情时，教学协同研究人员可能需要为他们做出教育上的解答，并就政治和预算限制问题做出解释。他们的工作深受历任市长们的一贯支持，在具体时间上纵跨三代儿童之久。

驻校艺术教师一词有时被翻译为工作坊教师，然而，从本质上来看，atelierista在英语词汇中是没有可与之通译的词对应的。工作坊（atelier），是与工作室（studio）相应的法语词，指在每所学前教育机构内处于中心位置的工作室（workshop）或实验室（laboratory），而工作坊（atelier）中工作的人则被称为atelierista。

工作坊（atelier）在瑞吉欧学前教育事业开始之初就出现了，到1963年，每所学前学校都设立了工作坊，后来每处婴幼儿中心也都普及了工作坊。这个专属空间的出现，与认知和教学策略的整体框架一起，构成为对边际效应的一种深思熟虑的反驳，不仅如此，这也是对公认的以词汇和常规为基础的幼儿教育形式的反叛。在此，儿童被视为是有能力，充满好奇心，富有质疑精神、创造力和逻辑思维能力的存在。这种儿童——新儿童——拥有这样一项权利，即进入一种由尊重、人际关系、倾听与学习等共同组成的学校的权利。同样地，教师们也拥有进入一种由尊重、人际关系、教与学等共同组成的学校的权利。工作坊成了一处非常特殊的空间，用马拉古奇的话来说就是：

> 这是一处通过应用视觉艺术来使自己的双手和大脑去发掘，并提升自己洞察力的地方。这必须是一个能使人的品味和审美能力变得更为敏感的地方，同时也是一处能够将在学校各种课堂中所学到的计划性经验运用到个人探索性项目中去的地方……一处能够从涂鸦中探知孩子们心理动机和相关理论的地方，一处可以为孩子们的工作提供探求各种工具、技术和材料的地方……
>
> （Edwards *et al.*, 2005: 7）

这种工作坊后来又继续发展成一个富有挑战和充满刺激的地方。对马拉古奇而言，尽管他的伟大计划并没有一一实现，但工作坊却并没有令他失望。这是一个孩子们可以尽情使用他们所有表达性语言，以及正如所表现的那样，还包括他们数学性、科学性和逻辑性语言的地方。这是，并且一直是，一块供大家开展探究活动的地方。

马拉古奇去世后，原来的洛卡特利·帕尔玛干酪公司的储藏库被改造成为洛里斯·马拉古奇国际中心（Loris Malaguzzi International Centre）。该中心有一个相当大的工作坊，自2006年以来，该工作坊被命名为瑞吉欧·迪露奇（Raggio di Luce）或光线（Ray of Light）工作坊，这是一处可供开展研究和实验的地方，并且，由于它还可以使人沉浸于由各种光影形式构成的环境中，而能够在激发起人们对光线产生好奇心和疑惑感的同时，也激发起人们的创造力和对其进行深层研究的兴趣。这也是一处与科学研究有关的地方。为了既可以接纳个人，又可以接纳团体，因此它拥有经过特殊构思的环境、设备和工具，而所有这一切的设计意图即在于使人们对光线的探究活动能够更显而易见和引人入胜。多年以前，我曾拜访过这里，当天却只有我一个拜访者，这实在是糟透了，然而这里的年轻驻校艺术教师，却设法克服大雪带来的障碍而继续工作，她们向我展示了所有精美的设备，以及孩子们所发表的评论、提出的问题和创作的艺术品等。这再次证明了孩子们拥有抓住某一主题并独自追寻它的能力，以及拥有采取不同方式以达成理解的能力。

在最初那几年，除主要是由于经济原因外，还因为人们认为驻校艺术教师这一角色应该被重新定义，因此我们只能够在学前学校里找到他们的身影。现在，由于出现了越来越多为0—6岁幼儿提供服务的联合中心，驻校艺术教师便开始被吸纳到这些中心里，以及其他更广泛的机构内。这些机构包括记录与教育研究中心，其主要功能在于为提高和审批当地的婴幼儿中心和学前学校提供援助，此外包括当地其他一般的教育机构。通过提升并支持已然公认的作为教育工作者专业化过程中必不可少之部分的证明文件和教育研究经验，文档与教育研究中心以此来为教育工作者们提供交流和促进专业成长的机会。该中心也与瑞吉欧儿童展开合作，其内容主要是关于由幼儿设计并实施的各种项目的展览制作与管理，这些幼儿主要来自于由瑞吉欧镇市政当局主管的婴幼儿中心和学前学校，以及当地的其他学校。詹尼·罗大里戏剧研究室（The Gianni Rodari Theatre Laboratory）与视频中心（Video Centre）跟记录中心也有相当密切的合作。

驻校艺术教师所扮演的角色是重要而复杂的，韦亚·韦基（Vea Vecchi）已经以此为主题而写作了一本非常出色的书。现在，驻校艺术教师所扮演的角色已被看作不仅是为孩子们提供一种丰富且引人入胜的开放问题式环境的人，而且还是一个能同时采取儿童与成人的认识方式进行思考的研究者。韦基又在此基础上赋予其另外一种角色，即在创造性的艺术活动中，不仅为孩子们提供工具和技术，而且还提供与之有关的特殊语言和词汇。更多的相关信息可以在瑞吉欧·迪露奇工作坊找到，因为此处为孩子们提供的语言是讲求科学性的。

小结

本章我们考察了马拉古奇对理论与实践之间关系的思考，明白了他是怎样变得深信没有实践的理论是空洞的，并认为所有的幼儿工作者必须成为积极的研究者。研究必须是学习者与教育者一起探索和学习时的一个连续过程。合作、协商、尊重、倾听、分享以及关系等，都是这一连续过程中的关键因素，并且工作坊、实验室的相继被引入和提供，也为这一连续过程提供了颇多助益。

在下一章里，我们将集中讨论关系对于各种学习的重要性。马拉古奇所创建的社会—文化模型在一个将儿童视为孤立个体的环境中将变得毫无意义。正如他所言，孩子们是带着环境中各种相互关联的片段而来到我们身边的。

CHAPTER THREE
The importance of relationships

第三章
关系的重要性

我们的目标之一，就是通过获取来自同伴与成人的充分认同，而使每个孩子在参与学校的各种活动时，都能深深地感受到归属感和自信，从而强化他们的自我认同感。这样，我们除了可以提升孩子们的交际范围外，还可以提高他们在各种各样的交际情境中的语言掌控力和鉴赏力。

（Malaguzzi in Edwards *et al.*, 2011: 45）

在马拉古奇的文章中，他曾对其所谓的"关系教学法"（pedagogy of relationships）展开了详细论述。这是他在瑞吉欧·艾米利亚所做的所有事情中最为重要的一项。在本章，我们将考察他借此所想要表达的意图，是怎样将其付诸实践，以及它为什么会如此重要等问题。

孩子

我们经常说"孩子必须优先"，或者"我们考虑的是孩子的利益"。然而在马拉古奇的字典中，却没有诸如"孩子"（the child）这样的概念。对他而言，"孩子"这个概念太过于抽象，它离每一个独立而独特的孩子——以及成人——实在是太遥远了。在他看来，每一个孩子都是"带着环境中各种相互关联的片段"而来到我们身边的。凡是进入了学前学校或婴幼儿中心的孩子都已经与其父母或照料者、祖父母、兄弟姊妹、婶婶与叔叔、堂/表兄弟、邻居、朋友与同伴、当地诊所的医生、以及当地商店中的服务员等建立了人际关系，这是一种或亲密或疏远的关联网，它将既膨胀又收缩地贯穿于每个孩子的整个人生历程。这种人际关系网对于教育环境中必然会发生的事情具有暗示作用。

依惯例而言，当思索学校或其他教育情境中发生的事情时，你们往往会连带地思索起那对或那二人组合——孩子与教师。正如你们所料想的，在关系的教育问题上，马拉古奇都会采取一种更加带有社会和历史因素的，更具有社会文化色彩的方式去思考，认为人际关系总是由每个孩子、教师及家庭（或者，含蓄地将三者拓展为每个孩子、教师及直系家庭与大家庭）这三者（或三方）所构成。

我们已经谈及妇女争取自身及其孩子权利的运动，与当地人民参与建设、维持甚至管理学前教育机构的热情，对推动瑞吉欧学前教育发展发挥了重要作用。我们同样考虑到市政当局是怎样为这一学前教育系统提供哲学上和经济上的双重帮助的，并解释了社会成员们是如何通过村子和镇上所发生的真实事件，以及数十年不断地参加教与学的各种讨论，而被吸引到学前教育机构的日常生活当中去的。

有鉴于此，在马拉古奇看来，令人不足为奇的是，那主要关切简单的二人组合的想法，势必意味着会接受一种人为世界而远离孩子们的真实日常世界，如前所述，孩子们的日常世界是一个充满了各种密切与不那么密切关系的更复杂、更微妙的世界。

也许你现在已经接受了这样一种观点，即我们不可能抽象地去回忆起一个孩子——任何孩子——具体的孩子。现在让我请你们去回忆起一个孩子——一个特定的孩子，或许是你们自己的孩子，又或许是另外一个与你们有某种特殊关系的孩子。那个孩子——不管你想起的是谁——都已经与她自己真实的生活联系起来了，而这也正是我们应该去接受、反思并珍视的事实。

以下所描述的孩子都来自同一所学校的小班，且其家庭都位于同一社区。这里所呈现的内容都是对其中一些孩子的特写，是由一名早期儿童研究项目里的学生提供的：

玛丽·简（Mary Jane）是9个孩子中年龄最小的一个。他们住在一所带小后花园的大房子里。她与家里的其他女孩子一起，住在同一个房间，她与一个姐姐共睡一床。男孩子们也拥有他们的房间，爸爸、妈妈则另住一间。一位姑姑也跟他们住一起，她的房间在房子的最顶层。他们与邻友善，每周日的早晨一起相邀去教堂。

比拉艾（Bilaal）是一个独生子。他的父亲是一名记者，他的母亲是一名教师。他们住在一所小房子里，他虽然拥有自己的房间，但是这所小房子却不带花园。由于家附近的街头巷尾里都没有他的任何朋友，因此他只能跟学校里的小朋友玩，并且只跟其中两个离家近一点的孩子做朋友。

阿尼（Arnie）和罗莎（Rosa）是一对双胞胎，她们与妈妈一起住在一个大庄园的小套间里。由于妈妈在一家当地图书馆工作，因此为了能到图书馆里看书，她们一有时间就喜欢往妈妈那儿跑。图书馆里的其他工作人员与她们俩非常熟，并且由于他们也有孩子，于是所有的孩子还经常聚到一起玩儿。她们在不同的学校上学。她们也不去任何教堂、清真寺或犹太教会堂。

泽伊内普（Zeynep）与她的爸爸、妈妈和祖父母一起，住在她爸爸那干燥又整洁的商店楼上。他们融入到了当地土耳其人的团体中，并与其保持着非常密切的关系，经常互相串门，参加聚会和婚礼，且喜欢听土耳其音乐。

约瑟夫（Joseph）是伊塞亚（Isiah）和露丝（Ruth）的次子。他们住在一栋两层的现代化房子里，房前有一个小花园，房后还有一个更大的花园。这是一个犹太家庭，因此两个孩子都去上希伯来语课。他们的父亲是一位律师，母亲则是一位家庭主妇。

泽娜（Zena）与她的两位妈妈住在伊塞亚和露丝家的隔壁。其中一位妈妈是一名餐厅服务员，另一位则正在接受成为一名社会服务人员的培训。泽娜参加了课外活动俱乐部，并正在与那里的孩子结交新朋友。

即使是从这些微型传记中也能够很明显地发现，每一个孩子都是一个独特的个体，他们都与家庭成员或其他与其有直接接触的社会成员建立起了一张复杂的人际关系网。你们还会认为他们在学校里依然是被作为独特的个体来对待的吗？以下是那名学生在无意中听到并写下的短笺，它记录了一些学校员工在操场上对一些孩子所进行的评论：

玛丽·简？她是9个孩子中最小的一个，你还能指望她什么呢？

比拉艾，多么可爱的孩子啊，来自于一个同样可爱的家庭。

她在想什么呢？生了一对双胞胎，还得独自抚养她们。怪不得她们如此难管。

泽娜在学校里表现得相当出色。

这些的评论是无伤大雅的，还是正好相反呢？相信你们能够发现，以上所列的这些评论是多么明显地存在着一种倾向于根据居住地、家庭情况等，来对孩子定型或形成刻板印象的。玛丽·简确实是一个来自大家庭的孩子，然而，仅仅以此作为依据就可以假设出某些事情吗？这样做公平吗？并且，为什么泽娜在学校里表现得非常出色仅仅是因为她生活在一个非传统的家庭结构当中呢？

我们知道，贫困会对许多孩子的生活产生消极影响，因为它会带给他们体弱多病、家庭创伤及虐待。然而，仅仅以所在家庭的大小，属于单亲、核心还是几代同堂的大家庭，住在一栋大房子里还是一个小套间里等，来对一个孩子做出判断是令人难以接受的，由此所暗示出来的是，那些做出此种判断的人，无力将每一个孩子视为是一个拥有丰富关系和人际关系网的人。我们每一个人在进入学校或特定的环境中时，都是自我携带着各种感情、关系和经验而来的。马拉古奇认为，没有人能够单枪匹马地做成任何事情；我们携带着"环境中各种相互关联的片段"而来。这不仅适用于孩子，而且还适用于所有与他们打交道的成人。

筹备以关系为中心的一天

保拉·斯特罗奇（Paola Strozzi）曾写过一篇带插图的日记，记述了戴安娜学校（该校曾被美国《新闻周刊》评为世界上最好的幼儿学校）日常生活里的平常一天。这篇日记正好展示了该学校是如何着手去创造一个以人际关系为中心的学习环境的（http://emh.kaiapit.net/dailylifeat-school.pdf）。记述的时间从上午7:30开始，一直到9:00，其中，7:30是学前学校的开学时间，9:00则是所有孩子到齐，并与教师一起，决定当天所要做的事情的时间。

  在其纪实性描述的开篇，斯特罗奇向我们讲述了她们的目标，即创造一个她称之为"亲切的学校"的东西。我很喜欢"亲切的学校"这个概念，并自问我所认识的那些年轻人中，会有多少人能够将他们自己的学校描述为是或曾经是亲切的呢？马拉古奇说，学校应该是一个能够探索人生意义与未来的地方。照他看来，这样一所学校将会"勤勉、富有创造力、具有生活意义、有文档可稽且乐于沟通的，是一个儿童、教师与家长都乐于去探索、学习、认识和反思的地方"。（引自Strozzi，2001: 58）此外，在那单篇日记中，还存在大量值得思考的东西。

  到你们工作或你们家孩子上学的地方去转转，并问问自己是否能够发现具备勤勉、创造力、善于思考与乐于学习等精神品质的典范。孩子、教师与家长是否看起来很开心，备受欢迎且相互熟识？孩子们每天所做的大小事情是否被家长们记录下来了？最重要的，这里是否看起来富有生活意义？

  该日记一开始就提供了一组照片，主题是关于孩子们来学校时的情景：

- 第一张照片被命名为"一所等候中的学校"，展示了一所空荡荡的学校，在晨曦的照耀下，正在等候孩子和教师们到来的场景。校园里满是各种植物、孩子们的作品展示，以及向家长们公布的每日和更长远的学期信息。其目的就在于营造一个物质环境，以向儿童及其家庭表明，各种故事还未结束，仍需续编或继续创作。

- 第二张照片被冠名为"叙述"，展示了贴在墙上那"如同其第二层皮肤"的文件展板中的一块。每一块展板似乎都在邀请你，这位观察者，融入孩子们的经历和故事中去。
- 接下来的一张照片名为"再见"，其解说性文字告诉我们，家长或照料者向孩子告别的时刻，是一个充满价值和感情的非常微妙的时刻，它将影响孩子及其家长的幸福感。

另一组照片的主题是为即将到来的一天所做的准备：

- 首先展示的一些照片是关于教师们互致问候，并相互交换材料和资源，以为当天的活动做准备时的场景。教师们之间的人际关系对她们自己个人的和职业的幸福感都非常重要，并且，教师们自身体验到的这种幸福感还可以增进孩子们的幸福感。
- 接下来的照片则是针对一些5岁儿童到园时的场景所拍摄的特写镜头；有一张着意去强调这样一个重要时刻的照片，即每一个孩子都受到热烈欢迎的时刻。文字注释写道："学前学校不是一处为来路不明者，而是一处为人生中有一段生活需在一起度过的人而开创的地方。"马尔科（Marco）是有很多天没能来学校的孩子中的一个，当他重新回到学校时，就受到其一群好朋友的欢迎，他们将他领到一个远离教室的小房间里，因为他们有一个秘密需要和他分享。摄影师为了尊重孩子们的隐私权，因此没有去拍摄这场邂逅的具体情景。

接下来的这组照片，表明了学校是怎样在整整一天的时间里，乐此不疲地去满足大家各种各样的需求的：

- 学校里有一个公共的中心场地，是仿照艾米利亚·罗马格纳（Emilia Romagna）的城市广场或露天市场而建的。在这里，孩子们不仅可以等候朋友的到来，并聚在一起分享他们的想法，而且还可以随意地或组成各种小团体，或四处走动，或就地改变相互缔结的盟约。

- 学校也非常清楚地认识到，如果孩子们愿意，他们也可能会需要一处他们可以独处的地方。为此，学校特意开辟出一些更小的空间，以供儿童与成人在平时共同使用。
- 为了阐明共同责任的内涵，每班配备了两名教师，而不是一名。这就意味着她们中必有一位可以在工作时间里随时与学校里的其他成人碰面，以进行思想交流、寻求帮助或分享经验。

该日记的另一部分展示了孩子们例行公事般地在家庭与学校之间来来回回地拿送东西，这一行为被视为是阐明学校与家庭是如何互相保持着持续不断的联系的重要表征。例如：

- 每个孩子都有一个背包，以及一处他们可以储藏自己东西的地方。
- 这里还有许多其他的私人空间，如信箱、画夹、接收邮寄品的储存箱等。

其最后探究的主题，即探究孩子们能够自由活动、碰面和交往、找到并与别人一起玩耍的重要性：

- 孩子们可以自由地在学校里闲逛，因此，我们会发现，年龄大一点的孩子会拜访年龄小一点的孩子；婴儿和学步儿则步履蹒跚地参与到诸如听故事或玩水的活动中去。
- 教师们正表现出邀请孩子们一起帮忙布置吃午饭的饭桌，或准备第二天所需的材料。

虽然，你们学校的做法可能与之大相径庭，并且你们可能还有其他建议，但你们也许还是想把这部分内容再读一遍，以看看自己是否能够明白这本小册子/报告所提供的那些方法，即该学校为一种关系教学法而提供的方法。

在我看来，以下所示的内容均不可或缺：

- 孩子，再加上其家长或照料者的每日到校，被认为是一件非常重要的事情，因此他们到达学校时所见到的到事物，都是经过精心准备而引人入胜并饱含欢迎之情的，同时还允许他们继续阅读那些一直以来都在读的小故事。
- 与家长保持联系，并及时将其孩子的在校情况告知他们，是学校日常生活的组成部分。
- 离别的时刻相当重要，既不能去催促，也不能施加任何压力。有时候虽然很难做到这一点，但关键还是要设法去这样做。你们也许会设身处地地思量着怎样在自己的学前教育机构里也这样做。
- 幼儿园的每日计划都为其员工安排有相互见面与问候的时间。他们在学校的幸福感和归属感与整个人际关系中的其他方面一样，具有同等重要性。
- 每个孩子都会得到成人及其他孩子的问候；任何一个遇到过某种不寻常情况的儿童对此会拥有更为明确的认识。这些情况如，也许有某个孩子生病了，离开了学校去度周末假，庆祝生日，迎接一位小弟弟/小妹妹的到来或有祖父母来访等。总而言之，关系网会对每个孩子的生活的各个方面产生影响。
- 大至公共空间，小至私密空间，幼儿园不同区域的空间系统安排被认为在维持不同年龄组儿童间的交流上具有重要意义。这里有孩子们保管各自物品的地方，以及他们愿意拿出它们与大家一起分享的地方。富有生活乐趣的生活是值得尊重和赞美的。
- 教师们被鼓励着去分享他们的责任心和专门知识，这样，他们就能离开他们自己所在的团组，去拜访别的团组，并为其寻找、提供建议或帮助，从而既能推动全校活动的开展，又能享受与同事以及与儿童进行交流的乐趣。

● 家庭与学校之间的联系是如此的重要，以至于空间和时间的安排，都必须充分顾及既能让孩子们将家里的某些东西带到学校来，又能把学校的某些东西带回家去。

创立一种关系教学法

那些渴望通过使用关系教学法来与孩子们打交道的人，需要考虑以下内容：

怎样才能顾及每个孩子的实际情况

马拉古奇认为每个孩子都是具有天赋能力的；这种能力包括交流与建立人际关系的能力。这些能力都是人之为人的基本标志。我们还是一起来看看关于下面这两位孩子的生活实况吧，他们是本章早前提及过的那些孩子中的其中两位：

> 泽伊内普，你会想起来的，就是那个全家融入到了一个庞大的土耳其团体中去的孩子。虽然学校使用英语教学，但她还是学会了怎样与她那些讲土耳其语的大家庭成员们进行沟通。在那干燥而又洁净的商店的楼上，即她所在的家里，她总是在日常生活中被要求像女孩子那样，去厨房帮妈妈干活儿。她妈妈厨艺精湛，并且正在向她女儿传授制作土耳其菜品的秘诀。她发现她父亲所阅读的是土耳其报纸，当父亲与祖父在谈论阿拉伯世界中正在发生的重大事件时，她总是守在一旁默默地倾听。与那些散落在世界各地的移民家庭一样，在家里时刻关注祖国所发生的各种事情对这个小家庭而言是至关重要的。他们虽然信仰伊斯兰教，但很少去清真寺。他们喜欢土耳其音乐。

泽伊内普所处的真实生活环境是层次多变且复杂多样的。她与这些成人和儿童都存在着某种关系，即说土耳其语的与说英语的，既承载着家人对自己的期待（与性别有关的，如到厨房帮忙干活，以及对超出其家庭范围以外的世界大事拥有更广泛的了解），又承载着学校对自己的期待（成为一个能够读书识字、懂礼貌、帮助同伴的人）。

泽娜与她的两位母亲生活在一起，其中一位正在进行成为一名社会工作者的培训，另一位则在她就读的学校餐厅当服务员。尽管她们在操场、街头或教室会经常碰面，但泽娜所处的真实生活环境与泽伊内普还是有着天壤之别。泽娜只会讲一种语言，并且她的家不仅在面积上属小户型，而且在结构上也属非传统型。每天学校放学后，她都不回家，而是径直去课外活动俱乐部与其他孩子玩儿，她不仅与那里的儿童玩伴，而且还与那里的成人员工建立起人际关系。她不得不面对由此而带来的各种难题，即生活在一个没有父亲的非传统家庭里。她的真实情况是，既承受着两位母亲对自己的期待（她们均希望她长大后能成为一个坚强、有教养和独立的女性），又承受着学校对自己的期待（在那里，她与泽伊内普一样，被期待着成为一个能够读书识字、懂礼貌、帮助同伴的人）。总体而言，她们两人的真实生活是差异与相似共存的。

最近，这两个女孩儿突然发现她们名字居然都是以"Z"开头的，因此，仅仅以此为依据，她们俩很有可能会成为真正的好朋友。

那些与儿童打交道并思量着要去建立一套关系教学法的人，必须尽可能深入地去了解孩子们所处的生活环境，以便能够弄清楚他们所处环境中的复杂关系网、交流技巧和文化背景等。且对此只需了解而已，不必做出价值判断。

怎样才能顾及每个成人的实际情况

不管在哪里工作，成人也都是独特的个体，每个人都有自己的生活史，并与他人建立起各种联系，其中既不乏私交甚好者，也不乏泛泛之交。马拉古奇认为，成人的幸福感、目标感、对教育的理解，以及成长经历等，都是无价之宝，且对于学前学校和婴幼儿中心中所发生的事情都会发挥重要作用。他坚持认为，凡是在中心工作的成人都必须被称为老师，这是因为他已经认识到，任何关系或交流都隐含着教与学的意蕴。同时，他还长期致力于确保每个学前教育机构都有为成人提供的常规性的每周讲习会，它通常由一名教学协同研究人员负责领导，并获得参与者们的一致响应——教学协同研究人员，你们会想起来的，即那个负责协调三至四所学前学校工作的人。与英国一样，这里的学前学校也没有预定的课程。孩子们不要求达到由外部机构设置的任何目标或目的。这就意味着，教师们是通过将她们于在职培训中所学到的知识，以及对儿童的行为和言语进行密切的分析性观察，来作为创设与应对各种活动，及制定外出参观计划之基础的。以下这些案例就能够用来充分阐明这种计划和教学：

4岁的路易吉（Luigi）对其中一个教师说，窗外的那些鸟看上去好像很无聊。当教师通过问他为什么会这么想以作为回应时，他说那是因为它们没有任何事情可做。那位教师很认真地听着他的解释，将其记录下来，并开始思考可以在哪里把这些想法运用起来。路易吉对他所注意到的事情表现得很关注。教师将这种表现解释为这个孩子对这群鸟产生了同情心，同时还在内心提出并解答了这样一种疑惑——为什么鸟儿们会有这样的表现呢？她决定将这些想法再做更为深入的思考，因为她认为这其中潜藏着丰富的学习资源——不仅仅对路易吉而言是这样。

在一所英国的幼儿园，教师可能会将附有各种鸟类插图的书，或讲述关于鸟的故事的书带进来。她可能还会张贴出一张鸟类一览表。孩子们则可能会被要求去绘制各种鸟。然而，在瑞吉欧可能会发生的事情则是路易吉被邀请去向他的一些小伙伴讲述自己的想法。其他的孩子对此都很感兴趣，他们积极讨论着，教师则坐在一旁，做着笔记，有时候发表自己的看法，并随时准备着回应孩子们所提出的看法。最后，孩子们达成共识，即鸟儿们最需要的东西其实就是可供它们玩耍的地方——他们在公园、花园和瑞吉欧广场中所发现的那些可供它们玩儿的设施。于是，他们决定去设计并开辟出一些可供鸟儿们玩耍的场地。

他们携带着绘画材料参观了当地的一个游乐场，以便可以将那里的设施临摹下来。回到幼儿园后，他们又跑到花园里去寻找一块可用作鸟儿游乐场的地方。他们开始尽自己所能地去设计和绘制各种设施——秋千、滑梯、一个旋转木马、一座攀爬架、一张供鸟儿栖息的长凳等。然后他们又聚一起讨论并要求教师帮助开列一张所需材料的清单。清单上的材料包括：木块、胶水、绳子、电线、空纸盒、回形针等。在接下来的日子里，孩子们使用他们临摹而来的绘画作为图样，开始制作游乐场设施。在制作的具体过程中,围绕着该如何推进他们的制作进程展开了不少讨论,如所创制的设施是否应该足以结实到能够承载鸟儿们的重量,每处地方应该容纳多少只鸟,怎样才能将这些设施牢牢地固定在地上等。在此过程中,诚如你们可以预见到的,他们解决了很多问题,包括测量、预算,探究平衡与重量、旋度与可动装置等。

当游乐场建成后,有一个孩子就问老师是否觉得鸟儿们会喜欢这个地方,孩子的发问随即又将该项目往前推进了一步,即孩子们接下来开始到花园里密切地观察这个游乐场,轮流数(用一种简单的记账方法)鸟儿们使用每种设施的次数,以便发现哪种设施最受它们喜爱。

整个流程如下:
- 有个孩子表达出了一种想法:教师认真地倾听。
- 接来下展开一场讨论。
- 教师建议那个孩子与他的小伙伴们一起分享自己的想法。她自己则从旁观察并记录所发生的事情。
- 教师安排并组织孩子们携带绘画材料去参观一处儿童游乐场。
- 教师为孩子们开列出他们在设计与实施计划时可能会用到的材料的清单。
- 教师记录下孩子所说的他们在下一阶段需要用到的东西。
- 所有人都着力去搜寻那些所需资源。
- 孩子们或独自或与别人合作开展他们的项目。教师则从旁与其进行交流、提供帮助,并做记录。
- 另一个孩子表达出一种与之相关的兴趣,由此而开启了另一轮计划和行动。

教师在这里所扮演的角色就是密切关注孩子们的所言和所为，并愿意以此作为展开某些行动的触发点。在整个过程中教师是作为一种资源而参与其中的：她能够协助孩子们做记录，或者当他们遇到不能独自解决的问题时，适时提供帮助。她能够帮助孩子们将他们那些有时语焉不详的问题用更通俗的话语表达出来。她能够为孩子们提供那些他们自己还未曾接触过，但在讨论时却需用到的描述性词汇——如旋度或平衡。最重要的是，她从旁不断地做记录和拍照，以便出于自己兴趣地记录下这个项目的实施过程，并与同事们、家长们，以及其他人一起分享。这完全是一种专业化的教学角色，尊重儿童并将其视为富有能力的小探索者，而教师则不断在这样一些角色中转换，即观察者、追随者、启发者、提供者、解释者以及故事的记录者。

对出人意料之情况的处理

儿童不仅经常会碰到别人做出的意想不到的反应，而且自己也会做出一些出人意料的事情。正当与玛利亚（Maria）一起读一本无字的图画书之时，令人感到迷惑的是，她突然不再聚精会神地去叙述图片中故事，而是说道："我有一双新鞋子。"想要对此做出一种合理的解释是非常困难的。它需要教师对这个孩子的生活、人际关系和爱好等有最大程度的了解。

多年以前，在我参观瑞吉欧学校的时候，她们曾向我讲述了一个发生于家庭—学校—家庭之间的故事：

> 放假前，所有的孩子都被邀请着去收集那些有关他们在漫长的暑假中所做事情的材料，并在开学的时候将它们带回来。孩子们所带来的东西颇为值得探讨。一个小女孩带来了一张火车

票。当被问及这张票对她而言意味着什么时,她告诉老师这张票使她想起了"胳膊和腿"。小女孩的回答引起了这位教师的强烈兴趣,为了解释她所说的话的含义,这位教师进而颇具耐心地详细调查了这个孩子的暑期生活经历。原来,小女孩在假期里去了一趟祖母家,由于她家坐落在一处海滨胜地的半山坡上,因此为了能够去海滩玩,她们每天都必须沿着一条陡峭的街道下山,而在这下山的过程中,她所能看到的东西全都是胳膊和腿。

关系教学法意味着不仅需要尽可能深入地去了解儿童的真实生活,而且还需要知晓从谁那里可以得到帮助,以破解与解释孩子们那出人意料或看起来不可思议的话。你们还记得玛利亚在看到图画书中有一个光着脚丫的小女孩站在海滩上时,突然说了一句"我有一双新鞋子"的反应吗?当那位教师试图去弄明白为什么这双鞋对她而言会如此重要时,随后就想起了这个孩子的祖母曾对她说过,就在这个孩子的小妹妹刚从医院抱回来的当天,大人们送给了她一双新鞋子。

这种出人意料的事情还有其他呈现方式。在人数众多的学校或机构里,如果每个人都受制于其他人,那么它就不可能会像一个井然有序的工厂那样运行自如——不管规划者和评估者们会怎样认为。在学校里工作的人,必须开怀接纳所有的突发情况,并愿意相应地去改变他们的计划。马拉古奇说,我们需要"与那生命的不安本性愉快相处"。(Exchange 3: 94)

仔细考虑以上所述内容,你们就会认识到正是这种乐于以灵活方式并积极做出回应的意愿,而不是那种厉行控制和僵硬刻板的意愿,才使得教学工作不仅变得更加困难和复杂,而且还获得了更多可以挖掘的有益潜质。这个故事来自于一本由瑞吉欧儿童发布的名为《我们以看起来像书的形式叙写》("We write shapes that look like a book")的小书,向我们讲述了这些来自婴幼儿中心的孩子们的关系，旁边还附有一棵巨大的老樱桃树：

> 教师领着孩子们来到一片绿地里，默默地守在一旁观察着，倾听着孩子们的交谈。她们注意到孩子们是用他们的感官来对这棵樱桃树展开探索活动的，并且还用他们的这些探索活动以及头脑中冒出的各种疑问来与这棵老树交流。孩子们在发现了蚂蚁长队是怎样经常列队出行的规律后，还想知道它们这样排队出来是要去往何处。他们纷纷议论着蚂蚁们是怎样一只接一只地列队而行的，并不时用手指顺着蚂蚁们的队伍探索其具体的行进路线。有一些孩子还联想到了自己的亲身经历：
>
> 马尔科（Marco）说："有一次，我在爷爷家看到一棵樱桃树……他站在梯子上砍树枝，然后他就发了财。"
>
> 丽贝卡（Rebecca）说："他们提着樱桃在叫卖。我和奶奶一起去向他们买樱桃。"
>
> 埃马努埃莱（Emanuele）说："我爷爷在树上摘樱桃，边摘边把它们放到篮子里……我把它们都吃光了。"
>
> （Cavallini *et al*., 2008: 25）

> 奥罗拉（Aurora），正摁着一块小树皮，自言自语地对自己的新发现进行解释。"这是一个门铃，凡是遇到有蚂蚁住的地方它就会叮叮地响，蚂蚁们遍布于一整座小山上。它们在这里，它们在这里，瞧，它们打开了门，这里是一个蚂蚁窝，也是碰巧出来看看周围是否有小蜥蜴。"
>
> （同上：21）

教师们很有可能已经预计好了让孩子们去描摹这棵樱桃树,或者围着它跳舞,又或者是去采摘并品尝樱桃。这些计划无疑都是合情合理的,然而事实上所发生的却是他们先放手让孩子们去自由活动,观察他们在干什么,倾听他们说些什么,并将自己的所见所闻记录下来。他们所积极记录的这些内容我们可称之为"生成式学习"(learning on the hoof)。请你们扪心自问一下这两种方法究竟哪种更有助益,即观察、倾听、记录并根据孩子们的行为随时做出回应的方法,还是监视二十个孩子去临摹那棵树而不管他们愿意与否。

为了放手让孩子们去自由活动——特别是对这些幼小的孩子而言——需要拥有一种独特的儿童观,视他们为具备能力,善于探索,乐于交流,并能够生成和分享意义的人。在任何交流过程中他们总是积极的参与者,我们应该尊重他们的各种情感、想法和思想。

观察和尊重

里纳尔迪(Rinaldi,2006)谈到了学前学校和婴幼儿中心的成人是怎样通过观察而发现了把事物之间的关系看作为是处于相互促进的而非相互对抗的状态的重要性。他们以这种方式来思考理性与感性、学习与娱乐、疲劳与乐趣、自我与他人等之间的关系。这种方式不仅为那些长期生活相处的人们提供了一些有效地共同生活的机会,而且还提供了彼此相互联结、相互支持的机会。在这种氛围的渲染下,成人们都互相取长补短。在共享与合办的事业上他们通常都成了伙伴。他们在这里互敬又互惠。

布鲁纳曾言,"在瑞吉欧,人们沉溺于以一种非常谦恭,以及一种极其互重的形式会面"。(2004: 27)正如其惯常风格,布鲁纳对此同样口不择言。相互尊重对涉及所有各方的关系都进行了精确地描绘:孩子们所说的话必须得以倾听和得到回应，就好像他们所说的内容事关倾听者自身，并引起了她们的兴趣一样；而孩子们也会尝试着以这种方式不仅来倾听成人们的话语，而且还倾听其他孩子的话语。里纳尔迪不时地会谈及到倾听教学法，它需要具有乐意去倾听并注意别人想法、思想、感情和观点的意愿——不管它们可能与自己的会有多么大的不同。

你们也许还记得，皮亚杰曾提出过这样的观点，即幼儿只会从自己的视角来察看这个世界。在他那非常著名的三座山实验中，幼儿被要求站在玩偶的视野里去从一系列图片或照片中，选择出与玩偶所能看到的那三座山的景况相对应的照片。年龄偏小的孩子通常都不能顺利完成此项任务，而只能选择那些与自己所能看到的景况相对应的照片。这是否就意味着他们还不能设身处地为别人着想并去自我中心呢？或者是否意味着他们此时还无法理解别人向其所提出的问题？休斯（Hughes）后来又重新设计了实验情境，即用一只躲避警察的泰迪熊来展开实验。他向孩子们出示不同的图片，并要求他们辨识泰迪熊可以从中看到什么。孩子们对休斯所提的实验任务颇能理解几分并且还能够凭借自己的日常经验去做出判断，即使是幼小的孩子也能够非常出色地去自我中心。朱迪·邓恩（Judy Dunn），致力于关注幼儿的社会性和情感性发展问题，表明他们是如何能够完美地察觉到别人的感受并表现出感同身受之情的——这无疑需要孩子们具备能够从别人的视角来察看这个世界的能力。

为了同情别人并留心他们的想法、意图和意见，幼儿必须能够去自我中心。维维安·格西·佩里（Vivian Gussin Paley）的著作中有一个非常精彩的案例，可以对此加以阐明。佩里尤为珍视故事编排、叙述和聆听的重要性，因此在其亲手创办的那所美国幼儿园里，她在教室里搭建了一个剧台。这是她记录下来的一件事情，在我看来，它完全就是一个在具体行动中表现得相互尊重的典型案例。

一群5岁的孩子，正在试图解决这样一个难题，即怎样才能够测量出这两条毯子的尺寸，这是他们想在重演"杰克和魔豆"（Jack and the Beanstalk）这幕戏剧时使用的两条毯子。看看这接下来所发生的一大串数学思维的进展情况吧。沃利（Wally）和埃迪（Eddie）在关于两条毯子的尺寸是否相同的问题上产生了分歧。事情是这样的：

沃利：这条大一点的毯子就是巨人的城堡。那条小一点的就当是杰克的房子吧。

埃迪：可这两条毯子是一样大的。

沃利：它们不可能是一样大的。看我的。我将绕着这条毯子走一圈。现在看我走，走，走，走，走，走，走，走，走——数数一共走了多少步。现在数绕着另一条毯子走时所需要的步数吧。走，走，走，走，走。看到了没？第一条毯子所需要走的步数更多。

埃迪：这不公平。你在骗我。在绕着第二条毯子走的时候你加速了。

沃利：我不需要真的绕着它们走。仅仅通过观察我就能够数出来。

埃迪：我也能仅凭观察就数出来。但是你必须借助测量才行。你需要一把尺子。大约要一把六百英寸（约十五米）长的尺子。

沃利：我们有一把尺子。

埃迪：不是那把。不是那种短的。你必须使用那种被卷在一个盒子里的长尺子。

沃利：还是用人来测量吧。用人们的身体。一个接一个地躺下来。

埃迪：真是一个好主意！我从没想过可以用这个办法。

（Paley, 1981: 13-14）

我非常喜欢这段对白。两个男孩子是那么严肃而认真地在相互倾听着对方的意见。这是一段真实而平等的对话。他们在相互尊重对方想法的基础上不断推动着对话的继续展开，并且，当沃利获得新的灵感时，埃迪又是那么不吝言辞地去赞美他的才华。佩里借此所要表达的，就是成人们不仅要关注，并对孩子们想象中的世界给予尊重和支持，而且还要时不时地为他们提供一些支撑物，这些支撑物也许在我们看来就是一些实际存在的事物（Smidt, 2012: 132-3）。

小结

我们在本章考察了"关系"这种教学思想对马拉古奇而言所具有的重要性。本章是以儿童观和童年观为切入点而引导出所要论述的内容的。在马拉古奇看来，每个孩子都是一个独特的个体，他们通过与家庭里的成员和家庭以外的人、邻居、学前教育机构或婴幼儿组织，以及更广范围里的人建立起各种关系，而定位出自己在这现实世界中的具体位置的。每个孩子都是一个自信而有能力的孩子，他们渴望着去认识并理解这个世界，以及处于这个世界中的人和物。当孩子们进入了婴幼儿中心或学前学校的时候，他们就变成了这个新集体中的正式而平等的一员，并开始与那里的成人和孩子建立起关系。成人也同样是一个个极具历史性的个体，在这个由各种关系所充斥的世界里真实地生活。一种以各种关系为基础的教学法，就是将环境中所有存在物都充分地考虑进来，并明确地辨识出其在生活中，以及孩子们的学习中所扮演的角色。在接下来的一章里，我们将考察一种倾听教学法。

CHAPTER FOUR
The importance of listening and documentation

第四章
倾听与纪录的重要性

"倾听儿童",一首意第绪语民歌唱道,"用你的鼻子和眼睛去倾听",正如倾听我们在接下来的歌词中唱着,一头牛从那爱絮絮叨叨的老奶奶家屋顶上飞越而逃。

(Harold Rosen, 1964: 6)

我们虽然生活在一个充斥着声音的世界里,但却从未用心去聆听过,也从未注意过它在教育中所扮演的重要角色。在瑞吉欧·艾米利亚,马拉古奇对倾听的重要性的意识,胜过了其早年对以当一名租书店员、写作学位论文和展开各种辩论等为主题而进行的冥思。在本章,我们将转而关注倾听,考察其意涵,并通过将儿童与教师同时作为倾听者,而在倾听、评价和研究之间构建起联系。你们将会在本章发现，正在陈述的内容与已经陈述过的及将要陈述的内容之间，存在着千丝万缕的联系。因此，集中你们的注意力，并用你们的眼睛来倾听吧。

对倾听的定义与理解

每当我问一些学生，"你们觉得我所指的倾听是什么"时，他们总是一脸困惑地看着我。对他们而言，答案是如此地显而易见，以至于平时在碰到这种司空见惯的问题时，总是表现得不屑一顾：

"这就是你用耳朵所做的事情。"一个学生说。

"这就是你听音乐时所做的事情。"另一个学生说。

"你听故事，听广播，听电影声带，听你母亲抱怨你房间的脏乱，听你父亲夸耀你的成绩，听奶奶告诉你你是这个世界上最漂亮的人，听老师告诫你要安静下来，听自己的孩子在清晨时躺在婴儿床里发出最美妙的牙牙学语声，听爱人在自己耳畔窃窃私语。"虽然你拥有这么多可以倾听的东西，但是却很少去分析为什么倾听会影响或促进学习。让我们更深入地来探讨这个主题，并更加仔细地去思考当我们正在倾听时所做的事情吧。

倾听无疑是我们交流情境中的一部分

我们倾听别人是因为我们想更多地了解他们，了解他们的想法，他们的感受，他们的现状等。我们倾听他们是为了能够参与他们的一些对话，以便能够表达我们的想法、观点和感受。我们倾听他们，他们也倾听我们。

罗赞娜（Rosanna）给她母亲打电话致以问候："你今天感觉怎么样？今天是否感觉比昨天更强健了呢？你那位朋友过来

看你了吗？我希望你能注意保暖，天气太冷啦。"

我们也倾听着这样一些讲述，即人们从他们感兴趣的、珍视的，或相信的事物中所学到的东西，以及因受其启发而创造的东西等。这些事情可能是我们自己也亲身经历过，或从未经历过的陈年往事；也许是在他们当前生活中所发生，与我们自身经历相似或截然不同的真实事情。

倾听为我们提供了各种可供探索和认知的可能世界

> 克劳迪奥（Claudio）告诉他的老师："我妈妈脾气特别暴躁，她经常对我大喊大叫，令我伤心哭泣。可是当我把手伸到她脸上时，她也哭了，因此我们俩抱头痛哭。"

由此可见，倾听能让我们认识到自己处于一个社会的、交流的世界中。无论是对于正在进入婴幼儿中心的幼儿来说，还是对于一位正在倾听其刚出生的孙子发出温柔咿呀声的祖母来说，这都是真实的。

倾听是对我们与别人沟通时所用方式的一种敏感

> 当晚上下班后回到家时，我听到孩子从婴儿床上发出微微鼾声，而我妻子则睡在自己床上鼾声震天，我岳母的鼾声更是震得玻璃窗都咯咯作响。在这些鼾声的相伴下，一种安全感和正常感从我心底油然而生。

因此，倾听还可以被认为是赋予了我们一种能力，即我们与别人分享某些东西，使我们从自己孤立的思维、价值观和想法中摆脱出来，而与别人建立起共同分享系统的能力。

倾听使我们能够与别人一起创造文化

我们曾去听过一场演讲，其主题是关于经常为自己孩子朗读故事所具有的重要意义的，由于它引起了在场听众的强烈共鸣，因此这场演讲非常精彩。它使我们觉得自己变得更强大了。

倾听讲求许多技巧

倾听涉及一种轮流意识，倾听人们在交流时的有声之处和无声之处，沉默之处和停顿之处，犹疑之处和中断之处，以及交流时的律动和节奏。我们在这里提供了一种样式，这就好比我们所提供的是一种音乐、艺术或诗歌的样式一样。

小时候，每当爷爷给我们讲故事时，我们都形成了这样一种认识，即如果当他讲着讲着突然停而不语了，这就意味着某种可怕的事情将要发生了，而如果他在讲述过程中突然出现另一种沉默时，则意味着某种美好的事情即将到来了。我虽然不知道他是怎样做到这一点的，然而但凡从他嘴巴里面讲出来的故事都被带上几分充满活力的律动。

倾听的对象包括我们的口头语言，其他非口头交流语言，以及沉默无言

我们有时候会听到不同语种的人在讲话时所发出的各种声音，正如

我们试图努力去听懂某些内容时的那样，我们开始能够明白他们所说内容的意思了。我们所采取的方式可能是一种身体姿势、一种表情或一种语气。因此，我们不仅可以通过口头语言来倾听，而且还可以通过其他可用来交流的语言来倾听。

当我们还是小孩子的时候，为了不让我们听懂他们在讲些什么，父母常常相互用意第绪语来交流。后来，我们会待在一起聊天，并就我们自认为所听到的内容达成一些共识。我们通过这种方式学会了很多单词和句子。有时候仅仅是眉毛一扬或加重语气地喊了一句"Oy vay"！就可以为我们理解其所表达的意思提供线索。

倾听可以使我们了解别人的想法和感情

我们倾听别人是为了了解他们的想法和感情。我们天生地具有一种好奇心，想要知道他们问了些什么问题，他们得到的回答是什么，由此又进一步地提出了些什么问题等。

一个孩子说，"之所以下雨，是因为上帝哭了"。（Rinaldi in Edwards *et al.*, 2011: 239），这使得听到这句话的人不禁想要知道这个孩子脑子里正在想些什么事情。倾听者可以就这位孩子所提出并回答的问题进行猜想。

积极倾听是需要时间来进行思考和做出回应的

为了对那个孩子所说的"雨滴就是上帝的眼泪"做出回

应，倾听者很可能需认真地思考一下怎样去对孩子所说的话做出回应。如果是我，我会这样说："我想知道到底是什么事情使上帝这么伤心呢？"还是会这样说："也许这场雨是从那片巨大的乌云中产生的呢？"或者径直表达"我喜欢你的观点"。无疑，怎样去做出回应将取决于我自己的观点、想法和信念。

倾听与情感密切相关，是被触发与触发的关系

当我孙女还是一个小女孩儿的时候，我有一次从外面回来，她一看见我就跑过来朝我挥舞着双臂，紧紧地抱着我，说："你回来啦！"一时间我百感交集，因不同原因而产生的幸福、感动和伤心等感情一起涌上心头。

学习与倾听

里纳尔迪（Rinaldi）告诉我们，倾听是建立任何学习关系的前提。如果我问你，你是否会倾听你所照顾的那些孩子，答案一定是肯定的——关于这一点你不会撒谎。然而，问题的关键之处在于你是否能够带着一种试图了解孩子们想要你听到些什么的真心，去认真地倾听？在具体的学习过程中，倾听的关键之处在于它以一种相互作用的形式存在，它通常由孩子来触发，因为孩子会碰到某个问题，产生某种兴趣，拥有自己的意见，或带着某种热情，这时她会主动来邀请你分享自己的这些感触。家长们在这一点上通常做得比教师要好，部分原因是他们与孩子有一种如此牢固的自然关系，从而使得他们对自己孩子所说的话永远都不可避免地感兴趣。我女儿珊（Sam）小时候曾问："我们正好相互对立，对吗？"我对她所表现出来的这种创造力大吃一惊，回答道："多么完美的一个词啊。是的,我们正相对而坐,你刚发明了一个新词——正好对立。太完美了。它概括地说明了同一个世界中的所有事物。"此时我之所以能够应答自如,全在于没有其他孩子需要我关照,没有任何学习目的或目标要实现,有的只是与女儿交流的乐趣。

我们能够从马拉古奇及其继承人(如里纳尔迪)的思想中吸收关于学习的最重要的思想之一,就是教育过程中这种倾听的重要性。他们将其称之为积极倾听。积极倾听这一概念中蕴涵着这样一种思想,即教师与儿童都以平等的伙伴身份来参与其中,因而他们之间是一种相互作用的关系。一旦孩子产生了某种想法、问题或意见,她就会把它告诉你。你只要认真地去倾听她的叙述,她就会让你瞥见她头脑中正在想的事情。她这是在含蓄地邀请你对她正在想的事情以某种方式做出回应。而你所做出的回应则会强化或改变她的想法。这是一支美妙的言语交谊舞。

> 在火努鲁鲁(Hono lulu),有一群4岁的孩子正在户外玩耍,此时正好有一阵大风吹过院子。"那是一阵大风,"一个孩子说道。教师随即问道:"一阵大风。是不是有不同种类的风呢?"不一会儿,又有一阵微风拂过他们的脸颊,于是另一个孩子说道:"这儿,刚刚吹过的是一阵微风。"
>
> (Foreman and Fife in Edwards *et al*., 2011: 260)

有几个3岁的孩子注意到在教室的地面上投射了一只鸟的影子。在教师的建议下,他们用粉笔把这个影子圈了出来。当天稍晚些时候,那只鸟还在原处,但影子却不再在原来的地方了。孩子们顿时对此产生了好奇心。于是,他们就此提出了两种可能性假设,即要么是教师弄错了,要么是鸟儿自己想离开原地。虽然对于教师弄错了这一假设他们没有办法再去证实,但他们或许可以想出一些办法来使那只鸟跟他们待在一起不动。他们开始着手检验自己的假设了。一些孩子尽力用胶带在地上建了一个笼子。其他孩子则努力用面包屑来吸引那只鸟待在原处不动。然而费尽努力之后还是一事无成,他们只好跑到4岁孩子的班上去征询意见,但同样无果而终。第二天,当重新回到教室时,他们注意到地面上那只鸟的影子又沿着昨天的轨迹在运动着。于是他们跑回去问一个4岁的智者艾伦(Alan)。这就是他那令人倍感震惊的解释:"因为这只鸟的影子知道这条路(即运动轨迹),因此太阳将它的光线投射在这只鸟身上,这就像我们知道回家的路一样。清晨,这个影子还在睡觉。随后影子就走到阳光下,太阳照射出它的光芒,因此我们就能够看见鸟的影子了。第二天,当太阳重新升起时,阳光知道它必须要沿着以前那条老路走下去。"

(Gandini in Edwards *et al*., 2011: 305–306)

在第一个案例中,一位教师就那个孩子所说的话提了一个问题(这证明了那位教师认真倾听了孩子所说的话),从而引发了孩子们去更清晰地探索和解释自己想法的热情。事实上,那个孩子将第一阵风描述为"大风",已然证明了他拥有这样一种见解,即他们所处的地方是存在不同种类的风的。在第二个案例中,正是那个倾听着的孩子,仅仅比向他提出问题的孩子大一点点,提出了一个完美的假说,毕竟他不能给出科学的解释。

积极倾听是实现以下这些方面内容最为重要的方式之一,即促进孩子们思考并提出问题、提高他们的假设能力和对事物的见解力,并将这些能力在某种程度上向教师们表达出来，而教师则随即以某种方式对此做出回应，以帮助孩子的思考和学习继续往前推进。记住并时刻提醒自己注意这两点是非常重要的：问题既不需要太明确，也不需要太拘泥于言辞。孩子们所说的事情，即所做或所表现出来的，均为你们提供了探知他们正在寻找的答案的线索。因此，你们作为教师，必须倾听他们的言语和沉默，他们的面部表情和姿势，他们的动作和所做的标记或事情。你们的首要工作就是尝试着去找到孩子的疑问或想法是什么。看看你们是否能够处理好以下每个小片段中所发生的事情：

> 当他们发现这只虫子时，邵穆（Samu）和希奥尔希奥（Giorgio）正在玩积木。
>
> 邵穆说："它一动也不动。看，它身体的任何部位都一动不动。"
>
> 希奥尔希奥说："我不喜欢它。虽然还穿着裤子，但它还是会来蜇我的腿。"
>
> 奥利弗（Oliver）尝试着用沙盘里的小扫帚和小铲子来清理掉这只虫子。他轻轻地敲击着这只虫子，并聆听着因敲击虫子而发出的声音。
>
> 安琪（Angie）开始用黑色的蜡笔描摹这只虫子，并在具体的描摹过程中还仔细地将不同颜色调和到一起。
>
> 邵穆想弄明白这只一动也不动的虫子是否已经死了。由于死亡依然是一个吸引人的且通常为人所禁忌的话题，因此这往往是一个大家都不敢问的重大问题。
>
> 希奥尔希奥想要弄明白的是，这只虫子是否能够隔着裤子蜇到他的腿。也许他从前有过被虫子蜇的经历，因此才会显得

这么紧张。

奥利弗认识到其他人都没有兴趣去接近这只虫子，因此他找到了一种把它挪走的办法，并一边轻轻地敲击着它的外壳，一边聆听敲击声。也许他正在想的问题是，它的壳是由什么做成的，它是硬的还是软的，以及它的主要功能是什么。他的行为表明，他拥有对别人的焦虑感或厌恶感产生同情的能力。

安琪试图描绘出这只虫子，并对其外壳的颜色尤为关注。也许她所怀有的问题是，怎样才能调制出一种特殊的混合色，或这只虫子的外壳为什么会是这个颜色。马拉古奇清醒地意识到，孩子们所学到的东西往往不是教师们所预设要去教他们的内容。他们所学到的东西源自于对自己兴趣的不懈追寻，以及教师们在承认他们这些兴趣的前提下所做出的积极回应。

问题的重要之处就在于，既要将孩子作为学习的触发者，又要将交流作为孩子学习获得成功的唯一途径，而这一切又取决于教师们能够对此适当地做出回应，即提供言语上、体力上、资源上的帮助，等等。教师们怎样做出回应则完全取决于她们的积极倾听。

作为社会成员的儿童

我们并不打算将孩子们培养成为具有更高社会化程度的人，而是想要将他们培养成为他们自己所有语言的发言者。与其他人一起生活于这个社会性的世界中，孩子们对其他人及其所说的话、所做的事儿和所创作的东西都极为感兴趣。正是这些兴趣引导着他们不仅着迷于自己的文化，而且还着迷于人们所发现的各种交流方式。维果茨基将以下这些总称为"文化工具"：书籍、画作、文章、画笔、乐器、音乐等。即使是非常幼小的孩子，他们也都会沉迷于采用各种方法来表达自己想法、感情和观点。这不仅需要花时间，并从中获得乐趣和兴奋，而且还需要耐心，有时候甚至是挣扎。里纳尔迪认为一所学校应该首先考虑的事情是营造一种她称之为"多元倾听"（multiple listening）的环境。孩子们互相倾听，倾听教师，而教师也彼此倾听，倾听儿童。一个孩子有可能会跟另一个孩子，甚或是一组孩子说话。这是一条复杂的倾听链。通过这种方式，每个孩子就能够在此种意义上掌控自己的学习了，即或独自或作为集体中的倾听者和回应者，遵循自己的兴趣来自我提出或回答问题，表达自己的意见。

学习的过程看上去是这样的。孩子对某种事物产生了兴趣或好奇心，从而在大脑中形成一幅它的意识图像。也许她看见了一只蚂蚁正在地上搬运一大块面包屑。于是这个孩子就在大脑中保留了这件事情的意识图像，一旦她将这幅意识图像用语言表达出来，那么意识图像就转化成了关于这件事情的言语图像。为了与别人分享这件事情，她可以采用讲述、绘画、涂描、用黏土创作、模仿、表演等方式将其表达出来，这样她就能够从一种语言转换为另一种语言了。处于孤立状态下的孩子很可能会像这样去采用很多种语言来展开学习，然而对于身处社会之中的孩子来说，她们拥有与别人——同伴和成人——分享自己想法的各种机会，拥有倾听与被倾听的可能性：听到别人的想法；做出对比；尊重差异；接受建议。因此，处于社会中的孩子是通过使用自己的不同语言，并将这些语言在其与别人的互动过程中进行转换，而实现与别人一起学习的。这样，概念和认知地图就得以形成且加以巩固了。

里纳尔迪建议，只有在这种学习情形下，每个孩子才能学会怎样去学习，而孩子所在的集体也才能认识到自己作为一种施教场所所应扮演的角色。你们也许很熟悉布鲁纳的鹰架教学，布鲁纳由这种教学所传达出来的观点,即他认为一个更有经验的人能够在任何情境中为新手渐进地提供帮助,以使其逐步获得独立思考的能力。尽管这是一种貌似合理,引用率很高且确实体现了学习的真实特征的方法,但它仍然根植于传统的教育二元论中,即将参与学习过程的主体划分为儿童与成人,或儿童与更有经验的儿童。然而在瑞吉欧,关于学习的概念要更为社会化,整个学习过程变成一个相互期待的过程。这样,同一集体中每个孩子的想法与建议,甚至是别人的批评,都可以增进各自的学习。

你只要对此思虑一番就会发现,这种学习观为教师们所带来的启发确实是非常大的。他们必须成为谨慎细心、善于分析且知识丰富的纪录者。为了理解并解释每一场互动,他们都从旁提供并归档记录他们所能借以了解孩子们学习与进步的材料。你们应该还记得瑞吉欧的教师都需要进行在职培训——学习关于儿童发展的知识,以及学习关于如何解释所看到、所听到的事情的知识,这是他们整个培训计划中非常重要的一部分。

里纳尔迪将纪录描述为可以看得见的倾听。教师们通过采用做记录、拍照、摄像和制作幻灯片等方式,来追踪记录下她们所看到和听到的所有事情,这样,她们就可以将自己所看到的那些关系以可见的方式展示给每个人,并将其作为建造知识"大楼"的"砖块"。

心灵上的倾听

霍耶拉斯(Hoyuelas)是一位非常用心地钻研过马拉古奇之思想和文字的人,他阐述了每个孩子都应参与到一个小集体中去与小伙伴们协同工作的重要性。他引述了马拉古奇在《历史、理想、文化》(*La Storia, Le Idee, La Cultura*.2006: 107-8)中所论述的相关内容。每个孩子,都对自己与成人之间的交流互动习以为常了,也许他们在学前学校或日常生活中更小的地方,如家里,就已经与一个或两个其他孩子分角色扮演过这种关系。当一个孩子开始与学前教育机构中的一小群其他不认识或不怎么认识的孩子协同工作时，那么这个孩子就会开始思考她所处的关系，以及她在这些关系中所处的位置。当一个孩子发现她的想法与别的孩子的都不同时，她就会开始认识到，也许是第一次，她的确拥有属于自己的想法。相反地，她会发现其他人也会拥有属于他们自己的想法。我们非常喜欢孩子们所做出的这个回答，问题是由马拉古奇提出来的，马拉古奇问孩子们："在什么时候我们才可以称一个人为朋友？"他所得到的答案是："当你知道他名字的时候。"马拉古奇对此所做的分析是这样的，即在孩子们看来，朋友不仅仅只是对号入座地给人脸上贴上一个标签，而是意味着对这个人的身体、姿势、声音、皮肤、眼睛和态度等都有全面的了解。

我已经谈过了关于倾听与可以看得见的倾听这两个问题。我们现在要把注意力转向心灵上的倾听这个问题了。关于心灵上的倾听，这样来说你们就好理解了，即当一个孩子将她的观点或想法与别人分享时，她自己也会对自己的观点或想法获得更清楚的认识。俗话说，如果不把你那些装在内心里的想法告诉别人，那么它们只会成为你囚禁自我的牢笼。因此，每个孩子在任何时候都不断从使用这种语言转换到使用另一种语言，从一个集体跑到另一个集体，从一种经历转向另一种经历，她们认真思考着每一种情形，却又不为其所束缚，总是处于修改或抛弃其初衷的过程中。我从韦基的书里（2010）里摘录了几个案例，以示说明：

> 一个名叫塞瓦尔（Sewaa）的小女孩被当作模特而坐在一群孩子中间，这群孩子或是想要把她画下来，或是想要用黏土把她捏出来。整个过程是从孩子们讨论塞瓦尔看起来像什么开始的。她不仅对孩子们的讨论给予积极回应，而且还参与到他们

的评论当中，其中有些论题是关于皮肤颜色的。菲利普斯认为西奥（Theo）与塞瓦尔长得很像，因为他们的肤色是一样的。卡米拉（Camilla）对菲利普斯的看法提出异议，认为塞瓦尔应该与埃文斯（Evans）长得像才对，因为他的肤色也是棕色的。塞瓦尔则径直对他们所有人说道："我和西奥长得像，这是因为我们俩是好朋友，我和伊斯梅尔（Ismail）长得也很像，因为他差不多也是我的好朋友……因此，肤色与长相没有任何关系！"也许塞瓦尔的此番论述会使得某个或更多的孩子重新反思他们的臆测，要么进一步证实自己的想法，要么就改变它。

孩子们时不时地会跑去看看别人的作品并就此评论一番。劳拉告诉玛蒂娜，她所采用的画法是错误的，因为从她所坐的位置上看去，她应该画的是侧面图而不是正面图。站在一旁的教师认真地倾听着她们之间的交谈，走过来先称赞了玛蒂娜（Martina）的画作，然后轻轻地告诉她她应该坐到塞瓦尔的正对面去，这样就可以看到她的整个脸了。

（Vecchi, 2010: 50–52）

一组5—6岁的孩子正在对一栋建筑物里的空间展开探索，也就是后来的洛里斯·马拉古奇中心的那栋建筑物。他们在那两间带有两行列柱的空房间里待的时间最长。一个孩子评论道："这些列柱都很漂亮，只是它们都太相似了。每根柱子应该都是独一无二的。"于是，他们决定给每根柱子都设计外观，以使每根柱子都变得独特而富有个性。他们边设计边评论：当所有的图形都被裁剪出来时，他们不得不面对这样一个问题，即怎样把它们拼接到一起。亚历山大（Alessandro）

说:"我们应该少裁一点。"另一个孩子,保罗(Paolo),注意到他所裁剪的图形仍然不很合适,于是说道:"我还是没有裁剪好,否则中间这块早就脱落下来了,这样中间那块地方就不会好看了,它就不会这么好看了。"

孩子们在工作的时候往往边观察边讨论,既评价自己的工作也评论别人的。他们既联合又分享,既赞同又模仿。他们一直都根据他们正在尝试着做的事情而坚定自己的想法并对其进行评估。因此这种心灵上的倾听与自我意识和自我评价是紧密联系在一起的。

最近,随着孩子们开始对诸如照相机之类的科技产品的熟悉,他们越来越倾向于不仅对自己的学习展开评估和评价,而且还对其进行纪录。韦基认为孩子们是富有反思性的,他们能够坦率地对待自己的作品,因此教师们应该小心翼翼地去尊重他们的这种可贵品质,不要对他们的作品做出夸大其词的赞美或否定性评价。此时我想起了那个关于小尼古拉的故事,这是他第一次来到婴幼儿中心的教室里,手里拿着她刚从画架上取下来的成品给老师看,这位老师的一个更富经验的朋友莎莉(Sally)提醒道:"不要打扰这位小姑娘。她会告诉你这幅画的精美之处的。"

纪录

在瑞吉欧·艾米利亚的整个事业中,纪录是真正处于核心地位的工作。与我们平时所做的相比,这是一种更为复杂与微妙的记录方式。在英国的很多幼儿园和其他机构中,教师们当然也做笔记和记录,并且经常以多种方式将其与孩子们,甚至是家长们一起分享。然而这看起来更像是一项附加性工作,并没有作为教育和学习过程中的重要组成部分而得以重视。

倾听、注视、做笔记以及解释等行为都被编织在一起以至于缺一不可。一旦留意了并倾听了，教师就必须记录下自己所看见和听到的事情，然后再思考它。教师在进行思考时，所依据的是对个别孩子或整组孩子的了解，以及对儿童发展情况的掌握。教师在分析所观察到的事情时，会借鉴那些先驱们以及那些自己喜欢的人的思想，如维果茨基、布鲁纳、霍华德·加德纳等。马拉古奇的追随者如韦基和里纳尔迪，都先后深受马拉古奇思想的影响。各种记录一旦被制作出来，那么就可以用来共享，借助共享，一个全新的蕴含着合理性解释的有效范围就被打开了。

在特纳和威尔逊（Turner and Wilson, 2009）那篇论述纪录的论文里，他们讨论了这项工作是如何在瑞吉欧·艾米利亚三个关键人物的支持下而运作起来的：卡丽娜·里纳尔迪（Carlina Rinaldi），她多年以来担任市婴幼儿中心与学前学校的教学指导；蒂齐亚纳·菲利皮尼（Tiziana Filippini），是瑞吉欧纪录与教育研究中心的协调员；桑德拉·皮奇尼（Sandra Piccinni），则是瑞吉欧婴幼儿中心与学前学校的主席。在菲利皮尼看来，纪录远不仅只是一种工具；这是一种对待教学与学习的态度。这无疑与马拉古奇的这一观点紧密相关，即教师们就像是考古学家，她们不仅每天晚上都将自己的发现带回家，而且还仔细考察自己所做的所有纪录和笔记。她们的考察工作做得如此精准，从而能够将自己所发现的东西还原到特定的地点、时间和文化位置上。这样，她们就与其所发现的事物建立了关系。在某种意义上，可以说正是纪录的过程增进了教师的知识。借此，教师可以更了解孩子们是怎样学习的，更了解他们的行为方式以及她自己与孩子们的关系。她，用里纳尔迪的话来说，是一个能够有力地写作出这些故事的人，即告诉我们这些孩子是谁，他们的兴趣爱好是什么，他们提了些什么问题且为什么会这样提，他们是怎样着手解决问题、表达感情、参与活动、独自或集体地工作的。在这些故事中，孩子们都是以文化的共同建构者；社会中的行动者以及市民等身份出现的。

如果你们曾有幸拜访过瑞吉欧，那么你们就会看到这些故事其实都在显要位置被陈列出来了，并且还可能会在瑞吉欧自己所写的书中见到它们的样本。纪录是一项经过悉心安排和组织的工作，其所采用的内容包括：孩子们对话的录音文本和评论，处于工作或活动状态时的照片，以及那些能够表现孩子们想法和学习的由他们自己创作的作品等。与此同时，你们将会发现教师们对某一项目所做出的评论，是与孩子们文字语言的录音文本一同呈现的。孩子们乐于思考的照片和图片，也都在那些专为展现他们学习过程的展板或书籍中被附带着提供了。

纪录向不同的人陈述了这样几个关键问题：
- 孩子们看到自己的工作被珍视；
- 家长得到了能证明其孩子或独自或集体地参与到活动和体验中去的证据；
- 教师们既能够对她们自己的教学又能够对孩子们的学习做出评价；
- 促进了与其他教育工作者展开对话；
- 创建了一座追踪孩子们与教师们在学习过程中所发生的乐事的历史档案馆。

教师们都渴望着采用各种各样的形式来呈现孩子们所学到的东西；这些形式包括：
- 把孩子们的作品描摹下来作为他们田野记录的一部分；
- 把活动室里的活动场景用相机拍下来；
- 将与孩子们的对话用磁带录下来。

教师可以将自己的观察记录和磁带与同行们一起分享，以便集体思考。正如纽（New, 1992: 17）所言：

当教师们积极参与到"协作性反思活动中时（结果通常以集体共识的形式呈现）……就像她们去调查、思考，并描绘孩子们的知识结构一样，她们也建构起属于自己的新知识"。

小结

本章我们考察了倾听对于学习而言所具有的重要性。我们既将孩子们视为倾听者，倾听同伴，倾听教师，也将教师视为倾听者，倾听同事，倾听孩子。因此倾听就变成了某种相互分享与相互尊重的东西。我们已经看到了倾听在这两方面都如此重要，即在为教师们打开一扇可以窥探孩子们兴趣与关注之窗上，以及在使孩子们意识到他们自己的学习上。我们以考察纪录所扮演的角色而结束本章，这是一个我们在本书中将一再给予关注的主题。在接下来的一章里，我们将借助马拉古奇那著名的"儿童的一百种语言"思想，开始思考孩子们究竟是以何种方式来表达自己想法的。

CHAPTER FIVE
The hundred languages of children

第五章
儿童的一百种语言

孩子

是由一百种构成的

孩子有

一百种语言

一百双手

一百种想法

一百种思考

游戏与说话的方式

一百种，总有一百种

方式去倾听

去爱、去惊奇

一百种欢乐

只为歌唱与理解

一百种世界

等待着他们去发现

一百种世界

等待着他们去创造

一百种世界

等待着他们去梦想

孩子有

一百种语言

（以及一百种的百倍再百倍）

（马拉古奇作，莱拉·甘第尼译）

如果你去问人们对瑞吉欧及其学前教育有什么了解时，他们肯定总是会提到儿童的一百种语言。它现在已经成了瑞吉欧展览的专属代名词，该展览最早发起于1984年，当时被称之为"L'Occhio Se Salta Il Muro: Narrativa del possible"。这个名称的意思即指"当眼睛越过围墙"，其副标题则告诉我们这是一个成了可能的故事。想要弄明白这个题目的意思是很难的，然而，在与此次展览同步发行的那本书中，马拉古奇足足开列了十六个要点来解释这次展览的主要内容。其中第一个要点就为我们弄明白这个题目的意思提供了答案。

在第一个要点里，马拉古奇说这个题目能带给人无限希望，他是从这个意义上来说的，即眼睛越过围墙这句话会不由地让我们去思考这样一种态度是多么地重要：思量着要在这个瞬息万变的世界里扮演推陈出新的文化角色。在新的婴幼儿中心和学前学校里，一直到现在为止，孩子们都还是被要求在具体的实践过程中，不拘形式地去提问、研究、合作、动手操作、表现和再表现。同样地，成人也必须在他们发动与回应，研究与记录，学习与教学的时候不断转变自己的角色。题目中所谓的围墙就是指不协调、陈词滥调、老旧规则、先入之见，以及采用传统方式来思考儿童与童年、学习与发展等问题的浮夸行径等。

马拉古奇创作的这首诗（本章篇首所引）的第一部分告诉我们，每个孩子都会使用不可胜数的方式去体验、表现和再表现自己的想法与思想。每个孩子都是通过这一百种语言、一百种想法和一百双手去游戏、说话、倾听、惊奇、歌唱、理解、发现真实的世界以及创造和梦想其他世界的。这些都是马拉古奇想要从儿童身上看到的其在早期学习与发展过程中所表现出来的各种能力。

这一百种语言是什么意思呢？

回答这个问题的最简单方式，就是开列出一张孩子们能够用以表达自己想法、思想、感受、疑问和情感的各种方式的清单，即通过临摹、绘画、创制、唱歌、跳舞、表演与变身；通过用自己的身体去触碰、嗅、尝、听、挪动、敲击、感受或包围；通过使用文字、画笔、铅笔、粉笔、颜料、黏土、泥巴、石头、镜子、铲子、绳子等。这就是我们这些"旁观者"能够体验到的那一百种语言——由孩子们创作的精美画作及其他图像，以及他们在探知这个世界时所提出来的那些令人感兴趣的问题。然而这仅仅是一些可以看得见的或可触摸得到的——是孩子们在经由或独自或集体地花费大量时间去解决某一复杂疑问或某一问题后，所得到的最后成品。最令我感兴趣的还是他们的旅行，以及去旅行的原因。

正如马拉古奇所言，只有当教育旅行的目的不是获取系统知识，而是质疑、思考并挑战界于这两者之间的界限，这两者即我们所认为的那世俗、平庸且通常是琐碎的学校要求与新思想的那可以想见的世界，那么这一百种语言才会有更好的发挥空间。

福尔曼（in Edwards *et al.*, 2011: 348-55）著作中的一些案例可以帮助我们对此获得更清楚的认识：

> 瑞吉欧·艾米利亚的维奥莱塔学校（La Villetta School），教师们经常带领孩子们走出校门，到市里去探索其城市的以及绿化的空间、街道与广场、住宅与商店、公园与花园等。孩子们曾一度谈论着下雨可能会对他们的城市产生什么样的影响。他们于是制订了这样一个计划，即带着相机出去把那些熟悉的和新建的地方都拍下来，并据此而猜测下雨会给它们带来什么样的变化。然而，当年的雨季迟迟未到，不过这反而为孩子们提供了更多的思考时间，谋划着到底需要些什么材料和工具才能帮助他们解决所面临的问题。他们讨论着，既然要拍照，那么无疑就需要相机和一台打印机；还思考着他们可能会收集、测量或记录的那些东西。他们比对着自己列出来的这些问题：水洼会有多深呢？什么东西会浮在上面？什么东西会映射在上面？里面又会长出什么新东西来？
>
> 当第一场暴风雨来临时，孩子们都兴奋异常，并留意着那些从未有人想过的事情。人们在雨中行走时改变了自己的速度和姿势；被大雨冲洗得洁净光亮的街道和各种倒影都改变了原来那些熟悉事物的模样，从而使其看起来与之前格外不同；当雨点落在地面上时，会发出与落在汽车上或树叶上非常不同的声音。观察到这些，孩子们就开始描摹和绘画、编故事、设计雨衣、测量水洼的深度、收集漂浮在水洼上或沉在水洼里的物品。他们用黏土捏造出一棵棵变了样的树，并且还使它们看起来湿漉漉的。

福尔曼（Forman）及其同事们把有关这个项目的文档都纪录下来了，这就是那著名的名为"雨中的城市"的项目。它始于现在已成为瑞吉欧·艾米利亚之准则的这样一种方式，即让孩子们把自己的想法滔滔不绝地表达出来。雨是从哪里来的呢？当雨落到不同东西上时会发出什么样的声音呢？这样，当孩子们在等待第一场雨来临的时候，他们就预先在招贴纸上把自己的想法画下来了。一些孩子画了他们自己所认为的雨的来源："是魔鬼制造了雨。"一个5岁的孩子说。而另一个孩子则坚持认为："雨是先由天上各种大机器联合制造出来，然后进入云层聚集，当云层聚集了太多的雨而变得太满时，雨就落下来了。"这些画作表达了孩子对于雨的循环所持有的原初理论，从而成了探讨并拓展孩子们认识的平台。这个项目在瑞吉欧持续了数周，具体包括了这些活动：用录音带录下雨落在不同物体上的声音，然后以图像的形式把这些声音转录下来；带着由教室讨论和绘画过程中产生的各种疑问而深入到城市中去；把造雨的机器画下来；画出水的循环系统图，即雨水是怎样从天上落到地面后，进入到各种管道，最后又通过管道进入千家万户的；先把一系列表现天空变化的照片排列开来，然后把这些变化在纸上画出来；分别将该城市雨前及雨后的面貌画出来，并画出更多的采用多元符号进行学习的例子。（Edwards *et al*., 2011: 348–55）

接下来，我们对比着来看看一所城市英语幼儿学校是怎样对一场久旱之雨做出回应的。这段文字是从一位实习老师的系列观察笔记中摘录出来的：

> 雨后——这是一场名副其实的暴雨——孩子们都非常兴奋地想要出去看水洼。教师们在给他们一个个地穿上外套和户外鞋后，把他们领到了操场上。操场上有一个很大的水洼，孩子

们都跃跃欲试地跳到水里去。有两个孩子因为打湿了鞋子而受到教师的训斥。另一个孩子不断地往水里扔小纸片，一直盯着水面想看看会发生些什么事。教师们则聚在一起聊天儿。我无意中听到了雅各布说："看，我能在水里面看到我自己。就像是照镜子一样，只是我的图像是颠倒过来的。"没有任何人对此稍加留意。每个成人都只会问这一个问题"水洼是伴随着什么声音开始形成的呢？水呢？下雨天呢？"我认为这完全是浪费了一个机会。孩子们都兴致勃勃，质疑着、关注着、讨论着，然而教师们所考虑的唯一事情就是下一节课的主题：声学。正是教师们的这种教育态度使我觉得自己不适合当教师。

另一个项目缘起于安娜·弗莱克学校（Anna Frank School）所兴起的一股恐龙热。注意到孩子们渐趋痴迷于恐龙玩具、关于恐龙的故事以及电视上的恐龙动画片，教师们于是决定向他们提议去开展搭建恐龙模型的活动。该项目是在一系列以恐龙为主题的讨论声中拉开帷幕的：它们生活于什么时代，是否有雌雄之分，雌雄恐龙之间的区别是什么，它们是怎样生孩子的，它们吃什么以及它们为什么会灭绝等。任何一个还活着的人都没见过恐龙。它们就是一个虚构出来的角色。在既存事实与可能事实的边境上，无论人们提出何种质疑，都是可以为人接受的。

项目的第一阶段有两个小组参加——一组男孩儿和一组女孩儿，由他们先分别挑选出一种恐龙，再分组合作使用各自所选择的材料去把它们搭建出来。两个组的孩子都决定要造雷克斯霸王龙，女孩们选择用泡沫来搭建模型，而男孩们则选择用电线和金属。模型建好后，两组孩子又聚在一起讨论着他们非常感兴趣的两个问题：尺寸和体积。

教师们决定在孩子们的兴趣点上借题发挥，于是向一组孩子提出这样的要求，即他们是否能够找到一个合适的方式，来搭建一只真实恐龙大小一般的模型，并且还要把它悬吊起来使其四肢着地站着。孩子们想要知道真实的雷克斯霸王龙到底有多大，而当他们发现海报上展示了这种动物与一个人的高度对比图时，都表现得十分震惊。教师向他们宣读了介绍资料，表明一只成年的雷克斯霸王龙足足有27米高。孩子们对1米长的棍子很熟悉，因此他们开始满校园地去找这种1米长的棍子，但最终只找到两根。正当此项目看起来快要进行不下去之时，一位名叫罗伯塔的驻校艺术教师建议他们到工作室去找找看是否有合适的长物可以用来替代那1米长的棍子。他们发现了一些用来悬挂绘画作品的塑料杆。每根塑料杆的长度与之前找到的棍子大致相当。由于此时所在的空间太小，于是他们判断必须到学校前面的运动场去才能把霸王龙的体积摊开。当塑料杆也用完了之后，他们又跑回去取来了卫生卷纸。

虽然这只是兰金所讲述的那个故事的一部分（转引自 Edwards *et al.*, 2011），但它却足以用来说明孩子们所使用的那些语言，以及教师们所扮演的角色。

孩子们是带着满脑子疑问到这样一个集体中来的，这个集体以俗语"Io che siamo"为座右铭，这句话的意思是"我就是我们"，孩子们在带着疑问而来的同时也清醒地知道，他们是可以在学校这个共同体中把这些疑问通通表达出来的。这里的校园文化就是协同合作，与大家一起分享思想、想法和资源，互相帮助，知道如何获取帮助，以及勇于尝试等。教师们要么帮助孩子们解答疑难，要么帮助他们找到解决疑难的办法。正在开展恐龙项目的孩子们还没有心思去打扮一下这只恐龙模型以使其看起来漂亮或迷人一点：他们的注意力还主要集中在尺寸和体积的探索上。教师后来给他们提出了一道难题——提议他们去铺陈开一个与真实恐龙大小一样的平面图形。因此孩子们此时所使用的语言就包括测量、评估、比较、寻找资源、对所找到的东西进行评价，协同合作等。孩子们确实得到了——不少帮助和鼓励，但在展示与预定尺寸相符的巨型动物活动上，却一直是依靠自己的力量进行的。

以上只是一个持续了很长时间的项目中非常小的一个片段，这个项目使得孩子们不仅投入到各种活动中，而且还将活动从室内搬到了户外，不断地提出问题，又解决问题，接着部分地解决问题，试验又出错，成功又失败，于是又提出更多的问题，寻求帮助，得到帮助，有时一个人默默地干，有时又跟大伙儿一块儿干。当你读到瑞吉欧的教师们所谈论的那些已编档的项目时，你们都会被这样一种钻研问题的精神所打动——有些比较简单，有些比较复杂——不求甚解，加班加点并使尽浑身解数地去完成每一个项目。

营造一种包容的集体氛围

伊凡娜·索奇尼（Ivana Soncini）（转引自 Edwards *et al.* 2011）曾是瑞吉欧市学前与婴幼儿中心机构的教学协调小组成员。她所主管的领域是市属学前学校与婴幼儿中心对有特殊权利的儿童的包容接纳问题。首先足以提起人们兴趣的是采用"有特殊权利的儿童"而不是"有特殊需求的儿童"这个术语。这一举措充分说明了人们对这类儿童所采取的立场和态度。作为一名受过专业培训的心理学家，她与瑞吉欧所有的学前教育机构都有保持着密切合作，并坚定地追随着马拉古奇的信念，即有特殊权利的儿童应该被包容到我们所谓的主流教育机构当中来。他所关注的重点全都集中在提升教学经验并借此来加深对所有孩子的了解上。

所采取的具体方法就是在热情接纳并向这些儿童学习的同时，又不忽视他们与正常儿童之间所存在的差别。马拉古奇坚信，当念及这些孩子们所做出的反应以及所提出的特殊需求时，教师们是能够被激励着去更周全地思考其教学方法的。在他看来，应该提供更多的证据来证明教师们不仅仅只有一种教学方法可供遵循，不仅仅只有一种途径可使所有儿童均受惠。采用千篇一律的方法是行不通的。在瑞吉欧，有特殊权利的儿童很早就能够被鉴定出来，通常是在出生后不久，一旦诊断结果出来，他们就会被立即送到学前教育机构中去。事实上，与所有其他孩子相比，这些孩子在入学方面享有绝对优先权。在《儿童的一百种语言》（第3版）（Edwards *et al.*，2011）中由其执笔的一章里，索奇尼描述了在瑞吉欧幼儿中可以看到的那些主要残疾类型。这些类型有唐氏综合征、运动障碍（含瘫痪）、精神病、精神分裂症、孤独症、失明、失聪，以及因染色体异常、情感障碍、心理障碍等引起的发展迟滞等。与此相比，目前在瑞吉欧儿童中更是有超过一半的儿童被诊断为患有孤独症或泛自闭症障碍儿童，剩下的其他儿童中则绝大多数患有认知或智力障碍疾病。

让我们接着一起来关注一下这个5岁的孩子吧，他叫马特奥（Matteo），患有泛自闭症障碍，从3岁开始就已经进入了维奥莱塔学校。刚开始的时候，他总是沉默寡言，并常常乱扔东西。现在他表现得平静多了。这里有一份报告，详细记述了一件事情的来龙去脉以及教师们处理这件事情的具体方法。从这个意义来说，它无疑为大家提供了值得思索的空间，即一个孩子是如何在失去了那一百种语言中最普通的口头语言后，还能够在大家的帮助下继续获得学习和发展的：

> 到了该吃点心的时候了。支持教师（supporting teacher）

把三把椅子和一把搁脚凳摆到了那条长凳前面，此时大部分孩子都已坐在了长凳上。马特奥被鼓励着到教师身边来，面对其他孩子坐着。他轻抚着罗西（Rosie）的脸。罗西随后拉着他的手一起走到厨房着手准备一盘水果。罗西拿着盘子，马特奥则紧紧跟在她身后。谁知马特奥拿起盘中的叉子转身就要离开。然而，当另一位教师想出面干涉制止他的行为时，罗西正好问了他一句："你这是要去哪儿？"重新站回到了孩子们的面前后，马特奥在教师与罗西之间的一把椅子上坐了下来。

然后，教师便要马特奥大声喊出一些朋友的名字，每次向他出示一张卡片，每张卡片上都贴有一个孩子的照片。马特奥先看看卡片上的照片，又看看坐在他面前的孩子，接着就喊出了卡片上孩子的名字。被喊到的小朋友一个接一个地用叉子从盘子里带走一块水果。每当马特奥走神的时候，罗西就会拍拍他的脸。而当他喊出了一个孩子的名字时，教师或者其中的一个孩子就会喊出一些表扬之词以作为回应。当他说出一些因故请假而没有到幼儿园来的孩子的名字时，罗西就会说："找找看。"而当他找了一圈而没有看到这个孩子时，就会回答："在家。"此时，他又会再次得到同伴们和教师的表扬。当他看到自己的照片时，他就会说："Io, io!"（意思是"这是我！"）。此时，罗西就会给他一个大大的拥抱，现在该轮到他去盘子里取水果啦。

（Soncini in Edwards *et al.*, 2011: 198）

当教师们面临着要与那些不能或不会用口语进行交流的孩子沟通时，她们就负有解释孩子们可用来交流的其他可选择性方法的全权责任。通过这样做，教师们就能够发现每个孩子所拥有的独特的学习时间表和学习策略。这是另外一个患有其他种类残疾的孩子；我们一起来看看教师们是怎样拓展其语言谱系的。

> 恩里科（Enrico）被诊断为患有一种由不明遗传性疾病引发的综合性精神运动迟缓症。他年龄虽然小，但动作技能却发展得不错。他没有口语交流的能力，但可以大致理解别人对他所说的话，并且他还发展出了一套属于自己的符号系统。当其所在的学校也参与到让孩子们思考其心中的瑞吉欧是什么样子的活动中时，教师们竭尽脑汁地让恩里科也参与进来。教师们拍摄了一些孩子们外出到镇上做短途旅行时的照片，并将其在一个展览板上展示出来。她们请恩里科表达出他喜欢瑞吉欧的哪些地方，并告诉他可以用手指、绘画或发出声音的形式来表达。令人非常感兴趣的是，他所驻目的居然是镇上的各种声音。例如，他曾指向一个正在小镇某个街角演奏萨克斯管的艺人。通过为他提供一种富有选择性的语言空间，恩里科获得了与别人交流的机会。

索奇尼说，最令她感动的事情就是孩子们在帮助有特殊权利的儿童的事情上，会经常为教师们排忧解难。正如马拉古奇所言，"关于儿童和为儿童的事情都只能通过向儿童学习而来"。包容是一个互惠互利的双向过程。我们还可以提供一个病例以对此加以解释：

> 翁贝托（Umberto）起初连坐都无法坐起来，因此他只好一直躺着。教师们发现与碰他的脸不同，他非常不喜欢别人去

碰他的手。于是教师们就鼓励班上的孩子们去多与他交流，和他做朋友。有一天，她们注意到有两个正在听轻音乐的小女孩，开始轻轻把不同颜色的丝巾盖到他脸上，并在一旁敲铃铛给他听。女孩儿们的这种交流方式使他看起来很高兴，他冲着她们笑着，使劲儿拍着双手，并制造出各种响声。

（Soncini, in Edwards *et al*., 2011: 198）

帕帕塞尔德鲁（Papatheodorou, www.tactyc.org.uk/pdfs/Reflection-Papatheodorou.pdf）曾参观过瑞吉欧，并对她所看到的很多事物印象深刻，然而她却在其笔记中写道，由于在参观期间不曾遇到任何人提及过瑞吉欧存在不足之处或其他需求，因而想知道这到底是因为这些问题都被视为已经成功地处理好了呢，还是因为这里的人们在对待问题的态度上有不同寻常之处。我不仅同意她的看法，即没有人可以把瑞吉欧模式照搬到其他文化环境中去，而且还坚信在瑞吉欧那引人注目的事物之中，有一样即它把分享、集体以及合作放在非常突出的位置，而不是个人。对孩子们而言合作共事已经成了一种准则，且这种处事态度还可以推及其他各种存在差异的人群。

质疑、挑战与违规

儿童的一百种语言对于他们能够充分融入自己所在的社会中是至关重要的。对于任何社会中已经充分社会化了的任何人来说，都需要能够理解自己所遇到或经历的事情，进而评价它，如果它不能满足自己的需求或与自己的价值观相冲突，那么还得挑战它，甚至改变它。你们也许还记得在瑞吉欧市第一所学前教育机构成立之前的好几年，妇女们是怎样不辞辛劳地去争取自己的权利，以及她们自己孩子的权利的。她们想要看到的是这样一种教育场景，即依靠一种新的教育，来打破那既存的社会秩序，以使来自贫困家庭的孩子能够摆脱贫困；使那些来自社会底层的、没有机会向上流动的孩子能够获得更多的社会流动机会。能使人变得更富批判精神和更具挑战勇气的最重要方法，就是明了违规也是一种可以被利用的工具。

关于违规的定义通常都被着上了一层罪恶的色彩。然而，我是在这种意义上来界定它的，即违规就是挑战既存的规范和行为，并明了这样做是具有合理性的。

在"雨中的城市"这个项目设计中，孩子们都被默许了可以打湿自己的鞋袜和双手。而他们在面临身体被打湿的麻烦时也从未表现出紧张情绪。他们可以畅所欲言地表达自己的想法，并可以无所顾忌地去验证自己推断出来的假设。一个孩子可以在兴趣的推动下，随意地向水洼里扔小东西，然后再扔更大的东西，以观察水纹是否会随着所扔东西的不同而发生改变。另一个孩子则收集到了许多能够漂浮在水面上的东西，以及其他的不能漂浮之物。还有两个孩子一起在地面上尝试着用粉笔去画出水洼中的倒影。在恐龙项目中，虽然是教师们先提出了一些令孩子们感兴趣的问题，但是孩子们却经常提出一些在别人看来是不合适的问题——如与性别、生孩子和死亡有关的那些问题。因此，当教师问孩子们他们自己认为小恐龙是从哪里生出来的时候，就已经暗示着允许他们去表达并讨论各自对于生殖的想法。同样地，当他们讨论恐龙中是否存在雌雄之别，并请孩子们思考怎样才能分辨出雌雄的时候，她们同样默许孩子去谈论有关性别方面的问题。虽然这些大问题通常能引起孩子们的兴趣，然而在家里或社会中却总是被视为禁忌。

孩子们的理论

里纳尔迪和韦基都记录了一些她们目睹的由孩子们提出来的理论。

布鲁纳，在参观瑞吉欧市的一所学前学校时，曾非常惊讶地发现有很多教师正耐心地坐在一旁倾听孩子们谈论自己提出来的理论。这里有一些从孩子们那儿听来的事情。充分发挥你们的教师作用，来判断一下他们的理论讲了些什么，然后再思量你想要说的话、提出的建议或提供的信息，以帮助他们进一步提炼这些理论。以下内容均引自那一系列书中由韦基执笔的部分，她是瑞吉欧中的一名艺术教师。

> 爱丽丝（Alice）：我想知道他们是从哪里得到这所有的颜色的。也许他们收集了很多已经死去的蝴蝶，并从它们的翅膀里提炼出这些颜色的。不，也许他们用的不是蝴蝶翅膀，而是各种各样的植物。
>
> （2010: 29）

> 希奥尔希奥：当我动手创作这棵植物的时候，我所思考的是它的能量问题，因为它需要有一种能量，与水和阳光一起，去促使它长出根。
>
> （2002: 70）

> 弗雷德里卡（Federica）：你们必须同时拥有两种不一样的东西才能使变形发生：一样东西变成了另一样东西。
>
> （2012: 65）

> 乔瓦尼：看，有一种东西能够承载起所有孩子的想法。不只是一个想法，而是许许多多个想法。
>
> （2012: 39）

看完以上内容感觉怎么样？弄明白这些孩子们的理论比知道怎样与孩子们一起提升理论要简单得多，而这也正是我要你们在毫不知晓其环境或历史背景的前提下这样做的主要原因。你们对这些孩子及其历史背景毫无概念。然而，一旦对孩子们及其历史有所了解，你们就会发现理解起来就容易得多了。这就再次说明了环境、历史与文化的重要性。

以下是一些实习教师所说的话，是她们对以上孩子们所阐述的理论做出的回应：

> 爱丽丝试图弄明白世界上的颜色是从哪里来的问题。我猜这与她使用颜料和蜡笔的经历有关。如果是我，就会这样来回应她，即先问她我们能在大自然（蝴蝶、花朵等）中找到多少种颜色之类的问题，然后让她试着去从花瓣中萃取出颜色。我猜这样做可能会带来很多有趣的由颜色混合而产生的乐趣。
>
> 听到希奥尔希奥的话以后，我感觉他真的很聪明。他对于植物的生长需求懂得很多，知道它们为了生长而需要些什么东西，并且他还将生长与能量联系起来了。虽然对于这个问题我必须得接受他的意见，但我还是认为他有必要拿正在生长的真实植物来观察一下，并尝试着做一些将其放到黑暗的地方，剥夺其水源等之类的事情。我还认为我们可以做一些简单的实验——孩子们自己就可以做——用电池和灯泡。我很想要他把能量画出来，这样做仅仅是为了看他会怎么办。也许，借鉴瑞吉欧的经验（在那里，我发现，她们经常选择与一小组儿童协同工作），我可以找三个孩子让他们一起合作来把能量画出来。
>
> 费代丽卡：我虽然很喜欢她所使用的变形这个词，但我猜这与她常常思考事物是如何变化的经历有关。我很想跟她谈谈

关于那些她所见过的发生了变化的事物。也许我可能会邀请她和她的一些朋友把她们在教室里所找到的东西就地变形一下。这无疑将会成为一个大项目。改变就是这么一个有意思的想法！

我被乔瓦尼的那些话给弄迷糊了，但是后来有人告诉我这是他走进剧院后所说的一番话。因此这时我才明白过来他所说的是什么意思了。我很喜欢他的这种想法，即有一个空间——一个剧院，可以像一个图书馆承载那么多书一样，承载起各种各样的想法。我很想请他画出一个承载着各种想法的空间。

接着，仅仅是想令你们开心但也许会令你们感到困惑的，是一个孩子所提出来的关于数字及其运作原理的真实案例。这是我于2012年在伦敦坐公交车时听到的：

孩子：妈妈，我告诉你两个数字，你必须算出它们相加的总和。

母亲：好的。

孩子：4加7等于多少？

母亲：11。（孩子听到母亲所说的数字后，突然愤怒得尖叫起来。）

孩子：不对，不对！你太笨了。我告诉你两个数字，要你把它们加起来，你告诉我的答案却只变成一个数字。这肯定是错误的。

我的分析是这样的：在这个孩子看来，如果你把两个数字加起来的话，那么答案必须比这两个数字都大。11显然只是一个数字，并且这个孩子还不能明白被加在一起的两个数字最后都变成了答案的内容，如果你愿意，也可以把11拆开来看作为两个1。因此照她的理解来看，一个数字（4）加上另一个数字（7）所得到的答案必须是比她妈妈所回答的那个数字（11）要多的。她的理论就是，如果你把两个数字加到一起，那么答案就必须至少包含三个数字。如果不从数学的正确角度来看，那么这种理论是完全符合逻辑规则的，从此以后，我一直在想这样一个问题，即我究竟应该怎样做才能帮助她既建立又改进地去抛弃或详尽地阐述她的理论。

小小研究者

婴幼儿中心里一些年龄最小的孩子，跑到学校里那些即将升学的孩子们面前，不停地望着他们，倾听着他们，并且还时不时地提出问题来。他们所提的这些问题几乎都是语焉不详的。大部分时候我们只能通过他们的行为动作才能弄明白他们所关注和所欲探知的东西是什么。

以下所摘录的这些内容均来自于这些婴幼儿中心的孩子。看看你们是否能够读懂这些孩子们所想要提出的问题，并把它们表述出来：

> 雅各布（Jacopo）在运动场上边拿着一片叶子给他的朋友看，边说："这是一片叶子……上面有一个洞。"
>
> 西尔维娅边用黏土塑形，边说："我正在写东西呢。"
>
> 在一次讨论中，孩子们开始讨论他们想要修筑的那条路的长度问题了。于是孩子们决定这样来测量这条路的长度，即伸展四肢手拉手地站成一条直线。

这里还有一些通过孩子们的行为而非语言而提出来的更复杂、更隐匿的问题：

艾烈希（Alessi）盯着水洼窥探个不停，一直低着头，一圈又一圈地绕着水洼看他的倒影。后来，他又爬上一级台阶，这样就可以从更高的地方俯视了。之后，他还把希奥尔希奥也拉过来站到自己身旁，两个人一起往水里看倒影。

利维亚（Livia）发现地上正有一群蚂蚁经过。她聚精会神地观察着，并且当她发现这群蚂蚁是抬着一块非常大的面包在走时，自己不由得也喘息起来。另一只蚂蚁过来帮忙了。她蹲在地上看了很久。

孩子们被邀请着去画一幅自己同班好友的侧面像。一个孩子先在某个位置画了一会儿后，又换了个地方继续画。然后她又去取了一些黏土，试着用黏土来作画。她首先从一个侧面开始动手，然后又跑到另一个侧面看看。

以下是一组实习教师对此所做出的回应：

雅各布可能在问是什么东西在叶子上钻了个洞。

西尔维娅似乎是在问她用黏土所捏造的形状看起来是否像真正的字母。

这些正在测量路的长度的孩子好像是在问他们是否能够用自己的身体来测量那些很大的东西的长度。

艾烈希看起来像是在问他的倒影是否发生了变化。

利维亚对那些蚂蚁以及它们能够搬运这么大物体的原因很感兴趣。她所产生的问题是一个关于如何甚或是一个关于为什么的问题。

孩子们相互画着对方侧面像的场景看起来想要问的是所画的肖像是否会随着观察者的位置变动而发生改变。

现在看看你们是否能够想出一些办法，来由这些问题引申出一系列持续时间更长，并更有深度的项目。

这时候给出以下回应的是一些经验丰富的教师：

阿尔温德（Arvind）说："为了对那因叶子带有小洞而产生的兴趣做出回应，我想我可能会发起一个关于蚕的项目。它们不仅易于饲养，而且孩子们也可以观察它们的变化。他们可以看到蚕在生长过程中历经的所有阶段，并把它们所说的话画下来。而我们则可以把孩子们的绘画作品集结成像《好饿的毛毛虫》（The Very Hungry Caterpillar）一样的书出版。孩子们还可以用软雕塑品来制作出他们自己的蚕。这样，我们很有可能会办一个养蚕场了。"

罗谢尔（Rochelle）接着说道："我很想开启一个关于类字母形状的项目。我们可以用我们的身体来摆出这些字母造型。我们也可以用不同的材料来制作出字母造型——黏土、泥巴、潮湿的沙子、颜料，以及软雕塑品等。我们还可以探究其他语言体系中的字母形状类型，并考虑将曲状物、点状物和直线等也纳入进来。我们要用重复的字母去拼出不同的造型、真正的单词或名字。我们可以到运动场或花园去拼出或大或小的字母造型。我们还可以制作出由不同语系的字母组成的海报，并邀请当地的人们过来向大家阐明各自所属语系中字母的含义。我们可以用精致的画笔把它们画出来。用它们来发明象形图。这个项目可以永远持续下去。"

安布尔（Amber）说："映像是一个非常好的主题，这是孩子们曾见过并感兴趣的现象。我们可以用镜子和光制造出很多映像。我们可以用它们来画自画像。也可以让孩子们拿着镜子到户外去观察，并在绘画过程中使用它。我们还可以用光滑的或扭曲的反射面去观察映像所发生的变化。我们可以讨论图像倒置和物象颠倒等各个方面的问题。我们还可以做镜像书写的试验。"

我们已经从儿童的一百种语言偏离到与之拥有同样数量的教师在观察、思考和根据孩子们的兴趣而制订计划时所使用的语言上去了。在下一章里你们将会对教师的语言有更多的发现。

小结

本章我们思考了马拉古奇关于儿童的一百种语言的思想和内涵。我们看到了他是怎样将孩子们视为意义的搜寻者、提出问题并试图解决问题的沟通者以及做出假设并形成自己理论的研究者，并在扮演着所有这些角色的同时，愿意去冒险、犯错，有时候甚至还做出一些出人意料或令人无法忍受的事情来的。在下一章里，我们将着重考察教师们必须做些什么才能帮助每个孩子找到并使用这些语言。这就意味着，她们也同样需要一百种语言。

CHAPTER SIX
The hundred languages of teachers

第六章
教师的一百种语言

  与孩子们一起学习和重新学习就是我们的工作。我们是以这样一种方式来工作的，即孩子们不但不会为经验所塑造，反而能够塑造经验。通过采用这两种方法，我们就可以窥探到孩子们的学习过程并找到能够支撑这一发现的线索：一种方法就是让孩子们参与到活动当中去，并提升他们思考和行动的策略；另一种方法就是改变卷入到孩子们活动当中去的事物的形式。成人与儿童在学习方式上具有很大的差异：他们使用不同的规程，尊崇不同的原则，做出不同的推断，并追求不同的心灵足迹。

（Malaguzzi in Edwards *et al*., 2011: 61）

与世界各地的很多人一样，我也是直到1984年才开始接触到马拉古奇的著作的，那时候我买了一本名为《当眼睛越过围墙》（"L'Occhio se Salta il Muro: Narrative of the Possible"）的书。这本书在瑞吉欧学前教育机构的师生们举办了一场名为"儿童的一百种语言"的展览后，才出版发行的。它首先在瑞典出版，随后即风靡全球。令人们颇感兴趣并颇为震惊的是由孩子们创作的那些作品的质量是如此之高。后来，马拉古奇写道，这不仅是因为孩子们有一百种语言，而且还因为教师们也有一百种语言，这也就是我在本章所要探究的问题。我们将会看到教师是如何去转变自己的角色，以使自己能够承担起比知识传递者和儿童支持者更具深意的角色。她们是关系的创建者和维持者；是研究者；她们必须追随孩子们的时间节奏和兴趣；有时候她们还得深谋远虑，既要成为主要的倡导者而去发明、推动、规划和创造，又要成为观众和听众，仲裁者和评判者，执笔者和抄写员，倾听者和记录者。

　　你们还记得上一章开篇时的那首诗吗？接下来的就是这首诗的第二部分：

> 然而它们偷走了九十九种。
> 是那学校和文化
> 把脑袋从身体上分割开来。
> 它们告诉孩子：
> 要脱离双手去思考
> 要抛开脑袋去行动
> 要听而勿言
> 要知而无乐
> 且只能在复活节和圣诞节时

才去爱、去惊奇
它们告诉孩子
要去发现那既有的世界
在儿童的一百种语言中
它们偷走了九十九种
它们告诉孩子：
工作和游戏
现实与幻想
科学与想象
天空和大地
思考和梦想
都是互不相干的。

读这些内容时，不免令人产生心寒意冷之感，因为这首诗虽然已经创作了很多年，但其所列的很多条目至今依然存在。事实上，在英国，有些人也许会说如果从这样一种意义上来理解，现实的情况甚至比诗中所描绘的情形更糟糕，即由于孩子们必须达到教育上的预期成果，因此教师们不得不倾向于全盘操控而由不得孩子们半点自由。这种教育体制没有给孩子们的兴趣与需求、问题与理论留下任何空间。更令人心寒的是，这种教育形式还被施加在我们社会中最幼小的孩子们身上。这无疑是一个所有教师都必须面对的挑战。

作为研究者的教师

1992年在我与马拉古奇面谈的时候，为了整理出一份报告以作为反馈，我简单地做了一些笔记。以下就是我当时所记的关于教师的权利、

条件和角色等方面的内容:

> 这里的各个中心就像是福利站一样。里面没有任何像校长或管理者这样的人物。所有的职员都直接与孩子和家长打交道。厨师和保洁员不仅参与到所有的员工培训中,而且还被视为中心里的主要工作人员。不管有无资质,所有的职员都被称作教师。她们对孩子们的学习和发展需求都非常了解,并采取协同一致的工作方式。在职培训是在各个中心里展开的,培训师是该地聘请的由100名教学协同研究人员组成的一支专业队伍。这些协同研究人员都是获得了教育资质的教师,每人负责3—4个中心。她们每周召开例会,具体时间在傍晚4点至6点。开会的时候往往还会有少数几个孩子留在中心没回家,并且通常还会借调某一个职员进来对这些会议的内容进行采访报道。职员每周工作36个小时,并拥有6个小时的非接触时间来用以开会、学习、整理孩子们的成长资料等。在职培训的类型因协调员而异。我们可以发现以下这个正在进行的培训项目:这是为新职员提供的,具体内容包括关于早期学习的入门培训,一日安排和流程,音乐,婴儿的特殊需求等。协同研究人员会定期碰头,并与博洛尼亚大学建立了多种联系。

一个有意思的现象是,尽管瑞吉欧的学前教育质量是毋庸置疑的,然而直至今日,依然还没有为学前学校或婴幼儿中心的教师们提供正式的教学启蒙培训项目。具有中等学历或学位的人们也许会选择当教师,但是他们所有人仍一直参加的是每周的职业发展研讨会。这些研讨会的重心主要是偏向于教学上的。总体而言,不同地区在教师培训方面大致表现出这样两种分歧，即一些地区倾向于以教学启蒙培训为主，另一些地区如瑞吉欧，则注重于继续职业发展培训。

研究一如既往地占据着马拉古奇的项目的中心位置。与之前一样，以班级为基础而展开的研究不仅在各个中心，而且还跨中心地、全国地，乃至全世界地盛行。我们曾引用了这样一个小案例，即幼儿和她们的教师对其婴幼儿中心附近的一棵樱桃树所展开的研究。在很多人看来，这种关于组合性研究的建议本身就是无稽之谈。然而，请大家耐心地读下去，也许在此过程中你们会发现这一建议的意义所在。

我们的社会总是会按照与之交往对象的不同而将教师区分出不同种类来，如教室里的、婴幼儿中心的、学前学校的与婴幼儿团体的，以及在大学中行事谨慎与从事分析研究的等。然而在马拉古奇及其追随者看来，研究就是那在教室中每天都在进行的活动，其具体的"操作"者即教师和儿童。

以下这个案例可以用来阐明其具体运作机理：

> 在一次与孩子们展开的讨论中，我开始清醒地意识到他们的疑问其实就在于不确定"人群"这个词的意思所指。它的意思是否就是指很多人待在同一个地方呢？还是指很多人朝着同一个方向走去呢？一群孩子可以称之为是一群人吗？又或者这个词只能适用于成人群体？
>
> 作为研究者，以及渴望孩子们能够提出并知道如何解决问题之精神的鼓舞下，与之合作的教师们于是决定在一天当中最繁忙的时间段里，带他们到镇上的露天市场里去体验一下。在那里，孩子们与他们的教师一起，观察着穿梭如织的行人，讨论着他们，并评论着他们正在做的事情，然后就回到了学校。

为了帮助孩子们更深刻地理解这个词，教师们于是邀请他们一起来自己创设一个人群场景，即画出一些人物并将其剪下来放到一个盒子里，这样它们就能够聚集在一块儿了。几经讨论，孩子们决定画出一些不同形态的人物，如朝前看的，只能看到侧面的，或只留下背影的。他们还决定将所画的人物按照性别、年龄的不同而区分出男、女，老、幼，成人、儿童等。这样，一个项目就开始了。孩子们或互相画出对方的肖像，或用影印机去扩大或剪裁照片，或叫朋友们摆出各种姿势，思量着怎样才能使制作出来的人物看起来像是在活动。所有制作出来的人物都被笔直地贴在了一个盒子里，这样孩子们就用自己的方式创造出了一个人群场景。在具体的创作过程中，他们还自导自演地表演出身处人群中的场景，制作出了各种三维立体式的行人模型，描绘出了不同的面孔和交谈情景。

孩子们从中学到了些什么呢？我觉得他们从中获得的是对人群这个词的真正理解。他们认识到，为了制作出自己所需要的展现出人群场景的大量人物模型，就必须与其他人一起合作。同时，他们也认识到影印机既可以扩大，也可以剪裁照片，而且太薄的纸不可能笔直地立起来。也许他们明白了拥挤的人群就是一大群人都去做同一件事情——可以是一场足球赛或一场歌剧。同样地，也许他们还明白了一大群孩子也可以被称为是人群。那么一大批昆虫、大型动物或花是否也能被称为人群呢？

教师们呢？她们又从中学到了些什么？她们认识到为了使孩子们能够理解一个词或一个概念，就有必要采用马拉古奇所说的一百种语言中的某些语言，以找到合适的机会去探索并用不同方式去表现出这个词或概念的内涵。因此，他们应该鼓励孩子们去观察真实的人群是什么样的，邀请他们共同创制出自己的人群场景，并再次鼓励他们去仔细地观察人群的场景，接着帮助他们把画在纸上的人群场景用黏土捏造（在随后的阶段中）与亲身表演的方式在学校内的露天场地中表现出来。在教师们看来，倾听并观察孩子们是非常重要的，因为这样她们就可以捕获孩子们给出的每一个暗示。也许她们还认识到，为了与家长、照料者、社区以及家庭成员们一起分享，她们需要拍照、记录并编制项目的整个过程。最后，她们同时也认识到，为了保证能够合理地应对孩子们所选择的活动，她们还需要及时地对孩子们的言行做出回应。

以下是另外一个引自克瑞克维斯基和斯托克（Krechevsky and Stork, 2000）的案例。这是一个关于脸部的项目，它由五个瑞吉欧·艾米利亚学前学校的女孩子，在教师们的帮助下，一致开展起来。

> 这些孩子，年仅4—5岁，都有过玩黏土的经历并对其所需的一些技术和工具都能运用自如。教师与她们所共同致力的工作与一个小研究有关，即关于判定出哪种提问方式更有可能使孩子们对其正在做的事情保持积极性和兴趣感。墙上挂满了各种关于面部特征的图像——被放大的鼻子或眼睛，眉毛与鼻孔——还有记录孩子们做出的评论和提出的问题的录音文本，以及她们已经完成了的脸部代表作等。孩子们在教师的带领下融合到真实的生活中、美术馆和博物馆等地去真切地观察人们的脸部特征。每天回家之前，她们都会与所在小组的成员相互讨论自己的作品。而教师们也每天都会碰头，有时还与来自其他学校的教师聊上一会儿。教师们记录并整编了在此项目实行过程中所发生的任何事情，其中有一件就是由这五个孩子所做出的这个决定，即项目的最终目标将是用黏土、图像和口述等方式来给全班孩子都创制出

相应的肖像画。她们决意要得到大家一致同意的事情是：它必须是一项集体决策。

通过这个项目孩子们和教师们都有什么收获呢？孩子们在项目中既独自行动，又合作共事。马拉古奇提醒我们儿童的智力发展是与社会化发展相辅相成的。在一个小集体中，孩子们可以分享并汇聚证据和想法，提供见解，征求意见，在体力上和感情上相互扶持，在学习上相互支持，以及相互讨论和倾听。与独自行动相比，从她们对集体协作所观察到的情形来看，瑞吉欧的教师们认为幼儿园里最有效的集体规模是由2—6个孩子组成的小集体。这也就是你们在幼儿园中经常会看到孩子们成群结队地开展工作的原因。

瑞吉欧的教师们通常以理论构建者自居。具体而言，她们是通过一丝不苟地把孩子们所说和所做的事情进行编档处理而得以构建知识体系的。正如她们会观看、倾听、观察、整编文档并解释孩子们的言行举止一样，她们也总是共同参与到提出问题和收集数据的行动当中去。此处所提的关于学习的理论是一种通过对日常行为进行分析后得来的经验性理论；一旦教师们能以研究者兼学习者的双重身份定位自己的角色，她们就会尽自己所能地去生成意义、提出新的问题和假设。

作为纪录者的教师

我们已经看到了教师们的愿望之一即成为研究员。她们定期地接受培训以使自己不仅能够时刻留意到孩子们的所言所行，而且还能够通过她们的相互交流、人际关系以及可能获取的资源等去对其给予足够的关注并做出适当的回应。而在教师们的这些行动中，最关键的部分还是纪录以及把所发生的事情随时记录下来。由于要对各种发生的事情进行分析和思考，她们就必须以某种方式把它们随时记录下来，这样所记录下来的东西就可以毫无保留地供别人分享和利用了。事实上，她们所做的，就是收集证据。你们也许还记得马拉古奇的这样一种想法，即一位记录正在发生的事情的教师就像是一位考古学家。

注意到这一点是非常重要的，即这种记录和纪录与勾选框、达到预定的目标或通过测试没有任何关系。就收集关于孩子和教师们日常生活事件的材料而论，这是一种非常人道的方式。以下是一些可供你们思考的案例：

> 这几天一直阴雨不断，操场上出现了一个大水洼。孩子们对此非常感兴趣，从而纷纷围聚在水洼旁，并且她们还发现了一些可供踩踏的物体，这样她们就能真切地看到水洼里的情景了。没有人要求她们不许打湿衣服鞋袜。也没有人提醒她们要小心谨慎。有两位教师跟随着她们，其中一位还带着相机。另一位则拿着笔记本。伊米莉亚（Emilia），正弯着腰盯着水面看，突然发现了她的脸被倒映在了水面上。她把这一发现告诉朋友们，于是大家都往水面上去寻找自己的投影。萨丽塔（Sarita）说她的投影看起来是倒的。朱利奥（Giulio）也说这就像在照镜子一样。拿着相机的教师不停地在一旁拍照，而拿着笔记本的教师则记录着孩子们正在说的话。当孩子们回到室内后，就像伊米莉亚所要求的那样，都想要继续讨论关于那面水镜子的问题，于是教师们就向她们介绍了"倒影"这个词。她们谈论着意大利语中用以表明颠倒意思的这个词是多么有趣：sottosopra（其含义即"底朝天"）。这段小插曲随后演变成了一个孩子们相互描画自己脸部特征、镜子中的脸部特征，以及

被水洼中的涟漪扭曲了的脸部特征的小项目，有些孩子甚至还开始试验着将自己的图像颠倒过来处理，从而使得她们的绘画作品变得越来越像卡通画。

你们还会在该章找到其他关于婴幼儿的纪录的例子。

贴在墙上的文档展板就包括了如下内容：

- 一系列展示孩子们以及她们在探索和讨论水洼时正在做的事情的照片。
- 教师记录下的那些自己所听到的孩子们在玩耍时说过的话。这里面第一次出现了sottosopra这个词（是其中一个教师提到的），以及孩子们认为这个词很有趣的一些想法。
- 一系列由孩子们创作的描绘她们的脸被映在水洼里和镜子里的样子的图画。
- 一些由孩子们绘制的原物画及其倒置画。
- 一系列由孩子们用铅笔和墨水创作的用以阐明水中涟漪效果的画作。这些构思是在雨后不久，孩子们来到水洼边时逐渐形成的，她们在那里留心观察着风吹过水面或她们用棍子敲击水面时，所发生的涟漪现象。
- 当孩子们在解释正在发生的某件事情时所说的话。

另外一种纪录的方法就是制作视频或电影。这不仅可以展示给家长和孩子们看，而且还可以被教师们分享利用。这是所有教师职业发展的组成部分。在接下来的这个案例中，所纪录的内容与个别孩子的发展没有多大关系，其主要是展示了当一位教师看到孩子们在使用工具而遇到了特定争执时，自己是怎样去做出回应的。

这位名叫保拉（Paola）的教师与一小组3岁的孩子们，正在一起探索着该怎样处理这些大块头的黏土。她认为有必要给孩子们提供一些使活动顺利开展下去的指导，以便使她们在尝试的过程中不会受到失败的打击。首先，她给每个孩子发了一块事先备好的平整的黏土块，然后用擀面杖在黏土块上来回推压，最后再把碾压平整的黏土块边缘切平整。从这段视频看来，贯穿这个活动片段始终的，是保拉不仅为每个孩子都提供了工具和建议，而且还做出了干预解决工具纷争的举动，同时还给出了积极的反馈、建议和物质帮助。孩子们在她身边拿着黏土又切又碾。保拉认为孩子们或许想要亲自体验动手把黏土折叠起来的感觉，然而孩子们却只顾按照她们自己的兴趣来操作。

（转引自 Edwards et al., 2011）

特别是最近这些年来，文档开始倾向于以书的形式推出，并由瑞吉欧的孩子们出版发行，其中包括记述孩子们开展的各种项目，孩子们工作时的配有文字说明的照片，她们亲手创作的画作、图画、模型、地图、方案和设计等。不止于此，在孩子与成人之间所展开的对话，也都被收录到了书中。这些公开出版的书籍不仅令人赏心悦目，而且信息容量很大，书中的内容时而有趣，时而令人感动，关键是每本书都提供了相当丰富的信息资源。然而，瑞吉欧所提供的这些都仅是一种非常珍贵的模式，在不那么幸运的地方，这种模式是无法复制的。

在瑞吉欧，纪录是整个教学过程的重要组成部分，记住这一点是非常重要的。引导孩子们进行学习的方法，就是通过这种长期的设计周期，来精准地对每一个步骤进行记录、思考、讨论、回应，以及做出也许会变为第二步骤之组成部分的改变等。

在英国，我们虽然也为孩子们做成长记录，但这些记录都主要是关于每个孩子在达到既定目的或目标的过程中所取得的进步的。我们也确实会与家长们分享这些记录，然而却不会切实地将这个记录过程当作我们教学工作的一部分。而在瑞吉欧，由于它的诞生是深深地植根于社会需求的，它与生俱来地就带有妇女权利运动以及其他争取世俗的、高质量的早期教育的运动的基因，因此它自然地就会成为教学实践的基本组成部分。

莉莲·卡茨（Lillian Katz）是一位教育家兼研究员，也是瑞吉欧的朋友，认为这种纪录是提升并保持瑞吉欧学前教育质量的最重要部分之一。她还指明纪录的具体方法是多种多样的。每当孩子们看到自己所做的或正在做的事情都备受珍视、被保存下来并展示给大家看时，她们都会满怀成就感地格外开心。当然，她们也会看到自己同伴们所做的或正在做的事情，并从中获得启发和知识。文档展板就像画架、书籍和玩具一样，在每所学前学校中都是寻常之物。细查并阅读这些展板上的内容也成了儿童、家长、教师和参观者们日常生活中的必修课。当孩子们浏览着展示她们自己作品的展板时，马拉古奇总是细心地观察并倾听着，他认为她们会变得"更加富有好奇心、自信心和感兴趣，当她们在沉思自己所取得成就的意义的时候"。（转引自 Katz and Cesarone，1994）。她们获得了这样一种感觉，即自己的工作和努力得到了别人的认可、欣赏和尊重。由于孩子们一直都是以小组为单位开展活动的，需要与别人协同合作，因此这又是对协商与合作、分享与共同学习的一种颂扬方式。

公开透明是马拉古奇经常提到的原则之一。在他看来，学校是面向公众开放的公共场所。它们不仅由公众出资兴建，而且还通过教育来决定着当地社会的未来走向。与家长们保持密切的合作远胜过那千言万语和偶尔召开的家长会。它在关系教学法中扮演着关键性的角色。当家长们看到孩子们的所作所为时，就会对她们力所能及的事情获得些许认识——这不仅包括自己家的孩子，而且还包括他们朋友家的孩子和邻居家的孩子。如果你们见过由瑞吉欧学前学校和婴幼儿中心的孩子创作的艺术品，并读过她们说过的话，那么你们就会开始明白高期待是多么的重要了。以下还是马拉古奇所言：

> 纪录让家长们认识到需要切实转变自己对孩子的期待的质量。他们不仅重新审视了他们对于家长角色的设想，而且还重新审视了他们对待孩子生活经历的看法，从而对孩子的整个学校生活经历采取了一种全新的、更加关心的态度。
>
> （Katz, 1994）

吉多（Guido）是一位父亲，他的孩子在菲亚斯特里（Fiastri）学校上学。以下是他对《未来就是美好的一天》（"Il Futuro e una Bella Giornata"）这本书中所展示的孩子们的作品所做出的评论，这其中还包括了他自己孩子的作品。他是一位人类学家，深深地被孩子们对未来的思考感动了：

> 未来将由物体、人、生物或非生物组成——它就是一座山，中间有条路，但只有很少的人才能爬到山顶（希奥尔希奥），它就是一个使很多年时间都流逝于其中的隧道（艾琳娜Elena），"也许他先是住在地底下的，然后再从一个塞着软木塞子的地上小孔里溜达出来"（穆尼亚Omnia），"它就像空气一样……在天空中四处游荡"（达里奥Dario），"它就是一个彩色的圆球，但里面却装着所有的形状"（艾琳娜Elena），"它在我

们的身体里，在我们的脑袋里"（克里斯汀Christian），"它是一个无所不知的隐藏在我们内心里的微弱声音，它知道它将要做的事情是什么！"（艾琳娜Elena）。

（The children of the Fiastri and Rodari preschools, 2010）

作为架子工的教师

非常希望你们还记得那位对马拉古奇影响颇深的维果茨基，以及他所说过的最重要的事情之一，即能够捕捉到那可以推动孩子的学习朝更高阶段发展的时刻，对所有的教师来说都是至关重要的。维果茨基提出了最近发展区理论，这是一个介于孩子能够独自做到的事情与在别人帮助下可能做到的事情之间的概念性区域，换句话说，它就是一个介于人们所观察到的孩子在没有任何帮助下实际能够做到的事情与孩子潜在地能够做到的事情之间的中间阶段。马拉古奇又将其解释为是一段介于孩子们所表现出来的能力水平与他们在成人或更有经验的同伴的帮助下可以达到的潜在的发展水平之间的距离。

最近发展区确实非常重要，但却难以被把握住，因为这段区域不是某种可见的或真实的存在，而是某种概念性的存在。马拉古奇对其所提到的"循环"（circularity）是这样解释的，即它意味着教师的目标就是创设一种情境，在这种情境里每个孩子总是能够看到那些成人们已经看到的事情。这个间隔非常小，但如果成人能够细心地提供相应的帮助或支持，那么孩子就能够顺利跳跃过这个间隔。布鲁纳，进一步发展了维果茨基的思想，使用"鹰架"这个术语来解释成人为帮助孩子实现这个跳跃而所能够做的事情。他从建筑学中借用了"鹰架"这个术语并用其来描述这样一种思想，即鹰架就是可以用来为现有结构提供支持的东西，直到工程完工和建筑物不再需要其支撑为止。如此，成人们就可以通过为孩子们提供某些帮助而使她们能够逐渐独立地去做一些事情了。以下是一些简单的案例：

达里奥（Dario）正开始学走路了。他想要从这把他正抓着的长靠椅，走到那张桌子旁，然而这就意味着他需要在没有任何帮助的情况下，独自走很多步才能到达目的地。他母亲站在一步开外的地方伸手招呼他过去，这也就意味着他需要在没有任何帮助的情况下独自走一步才能到达她那。她思量着如果在没有帮助的情况下，达里奥会怎么做才能走到桌子旁的问题，进而为他能够达到目的而提供了实际的帮助（即那一小步）。

塞丽娜（Serena）正在用黏土制作着什么东西，但却在试图使那三维形象站立起来时碰到了麻烦。驻校艺术教师走过来问她："你是不是需要某些东西来帮你把它扶立起来呢？"她点点头。于是这位教师递给她一根粗大的木棍。小女孩儿拿着木棍看了看，接着就把它插到了她所捏出来的那个形象的中间。她高兴得欢呼雀跃起来，使劲儿地拍着双手。接着教师又决定在之前提供的鹰架的基础上进一步拓展提供一些附加的和特定的词汇。她说："那根木棍为你带来了足够强大的能支撑整个泥塑的力量。它就是一个支撑物。"

韦亚·韦基，在戴安娜学校当了很多年的驻校艺术教师，因而对她们决意称之为"语言"而我们称之为"学科"的东西非常了解。故此，在瑞吉欧教师们的眼中，数学、科学、历史、艺术、音乐、写作、表演以及模拟表演等都是语言。虽然每种语言各有各的语法，但它们都无一例外地是为交流沟通而生的。一百种语言都是我们人类与生俱来就具有的交流潜能。我们的假设是学习通常都会涉及几种语言在其中发挥相互作用的影响。以下是一些小案例。请大家试着判断出每个案例中孩子们所使用的是什么语言：

贾维汀（Javelle）每次画人的时候，总是从腿开始画起。他是班上唯一这样画的人，并且我每次问他为什么会这样画时，他都会站起来说明原因："看，他们必须首先确保这些人都是站在地面上的。所以我才能够先画腿，再画身体，最后画脑袋。"我追问道："如果你想画某个坐着的人时该怎么办呢？"他试着坐下来后回答道："脚还是在地上的老地方呀。"那时他才5岁。

在本书的接下来一章里，你们将会找到一个跳舞的小女孩儿，她认为她会像细胞那样翩翩起舞。

清晨，4岁的爱丽丝在矮墙下的掩蔽处发现了一些紫罗兰花。第二天突然冷风来袭，于是她跑出去用干叶子给它们搭了一个避寒所。

一个2岁的小男孩发现地上有一支玫瑰花，于是他把它捡起来靠墙放着，并喃喃地说花儿正在睡觉呢。

一组孩子在学校的花园里认养了一棵小树。她们悉心照料着它。一天，她们决定要用黏土做一些小鸟住到树上去，因为她们认为这棵树很孤独，因此鸟儿们的到来将会陪伴它，使它不再孤独。

（在这些新近的案例中，有些是来自于个人经历，其他的则引自韦亚·韦基的著作）

我们可以将这种思维方式称之为跨学科的或学科间的方法——这是一种人们试图穷尽各种可能的途径以更清楚地去理解某事物的方法。瑞吉欧的学前教育体系所注重的是，要引导孩子们使用新的方法来表达和再表达她们那处于发展中的思想和想法。她们观察、倾听、感知、描述、讨论、质疑，提出自己的理论，寻求帮助，通过自己的双手、双脚或身体去探索，使用找到的物体或测量装置去测量，使用钢笔、铅笔或颜料画画，使用裁剪出来的纸或发现的物品来制作出象征性作品，使用黏土或其他材料来制作出一个三维作品，以及利用其他的如舞蹈、表演或唱歌等。她们乔装打扮，自制并戴上面具，尝试着发出各种声音。她们使用顺口溜、发明新词，还把家里的口头禅带到学校来。她们探索各种声音与韵律，语气与音调。她们察看阳光、阴暗与黑暗，室内或室外，位置，环境，结构以及风格等所带来的影响。这几乎是不可穷尽的。

莱布尼茨（Leibnitz）是一位著名的数学家兼哲学家，在某种程度上还是一位语言学家，他认为数学就是思想的音乐。他有一句名言，"当上帝唱歌时，我就用代数随声附和"（Steiner, 2004: 46）。瑞吉欧的孩子们则似乎是用她们的一百种语言来唱歌的。

作为发起者和伙伴的教师

我们已经考察了作为研究者和纪录者的教师。教师们所扮演的这些角色都要求她们具备很多技能和语言，包括敏锐的倾听力和观察力、细心的分析、精确的记录、教育思想的应用，以及与不同的听众进行清晰的交流等。作为发起者和伙伴的教师不仅同样需要这些语言，而且还需要那些诸如说服、论证、协商、合作、分享与倾听等语言。通过阅读这些案例，你们对教师所扮演的这两种角色也许会获得更清晰的认识。

每年的五月间，学前学校和婴幼儿中心的所有孩子和成人都会举行一场盛大的集体聚会，以表达她们对自己城市的热爱和珍爱之情。在集会的当天，这个城市中将会有三处地点被孩子们及其教师所带来的东西改造一新。而她们所带来和所做的改造工作都是她们在自己学校里做过的。

在毕加索婴幼儿中心，教师们发起了一场称之为创作的研究。她们将创作定义为各种小物品的套装组合——所有小件的，各种颜色、材料、材质和密度的自然物或人造物。孩子们自由地探索和处理着这些物品，用它们来玩游戏，并开始两人一组三人一群地协同合作起来，对它们进行分类、组合，用它们来搭建东西。瑞贝卡（Rebecca）说："这是一座有窗户的塔……我把国王和王后都安置在里面了。"西尔维娅把一块泥弄成了小碎块，然后她又在这些小碎块上放上类似单词的图形，说："我正在写字呢，我在写信。"一些孩子正围着看片台在玩，看片台上放映出由教师们制作出来的各种场景照片——用不同材质、密度和相容性的物体创制出的各种地貌风景。在看过了以后或她们在看的过程中总是不断地提出各种问题。而教师们提出来的问题则是，她们所提供的这些照片在多大程度上可以被孩子们利用或助推整个项目的进展，以及她们是否能够回过头去让孩子们来操控一切。可以说，是她们发起了这个项目而不仅仅只是在孩子们的领导下尾随而行。她们解决问题的方式是极富智慧的。她们向孩子们展示着某些教师作品的幻灯片，意料之中地，这种作品分享行为开启了可引起新的计划和转变项目方向的讨论——这回轮到孩子们来主持了。

很多时候，教师们的角色就是负责为孩子们正在做的事情寻找、组织并提供材料。然而，有些时候——就像在这里——教师则变成了发动者。我们还可以找到很多其他相关案例，如教师为一组孩子讲或读故事，带孩子们外出参观，把自己找到的漂亮的或有意思的东西与孩子们分享，或播放音乐给她们听。在此过程中，一两个孩子的兴趣点总会被教师们捕捉到，在教师的帮助下这些兴趣点不仅将继续在她们身上不断延续扩展，而且其他孩子在这种热情的带动下也往往会积极地参与进来。以上所列的这些案例，其最关键之处莫过于教师无一例外地都能积极参与到孩子们的分享活动中，虽然有时是以主导者的身份，有时则以追随者的身份，但唯一不变的就是给孩子们的学习提供鹰架，并倾听她们所表达出来的语言。

作为倡导者的教师

从瑞吉欧学前教育的早期发展阶段开始，她们就致力于把学校里的信息传播到社会上，能够并愿意跟别人谈论她们正在做的事情以及这种冒险之举的成功为什么会如此重要。你们也许还记得为了向人们展示孩子们正在做和正在学的事情，马拉古奇不惜把孩子们带出去甚至将教室都挪到市民广场上去的举动。使学前教育机构面向公众敞开心扉一直都备受重视。我们已经看到了每年5月，当孩子们及其教师接管瑞吉欧市里的维亚·法里尼（Via Farini）、维克罗·特拉维利（Vicolo Travelli）以及市民公园这三个公共场所时，向人们展出她们自己创作的艺术品、音乐、舞蹈和戏剧——她们用自己的一百种语言所创作出来的任何作品。当市政当局正与马拉古奇就学前教育的发展与前景问题进行磋商时，很多公司和工厂便开始向新建的这些学前教育机构捐助废旧材料，以促进孩子们形象思维的发展。他们向学前教育机构提供了复合纸、纸板盒、棉线轴、纽扣、珠片、饰带、织物边角料、木屑等等。然后，在1996年，Remida，即一个创意回收中心，诞生了。它一直发展至今，其目标就是为了保证孩子们的创造力不仅能够借助传统的工艺材料，而且还能够借助那些找到的、废旧的、天然的和剩余的材料而得以滋养。巩特尔·克莱斯（Gunther Kress,1997）谈到了孩子们是如何用"手头"的东西来制作各种物品、设计作品主题，乃至提出隐喻等。这样，得以循环利用的及其他相关的物品就围绕这些废旧物营造出了一个有目标、可持续并珍视物品、人类与环境的生活生态。创意回收日（Reminda Day）也变成了每年的节庆日。

作为文化共建者与公民领袖的教师

学前学校或婴幼儿中心的儿童与成人在更广阔的社会结构里共同分享并建构出一种文化。文化是一个由约定的价值与原则，观念与手工艺品等共同组成的体系。我们已经谈及了该地的历史是如何对那些发起学前教育运动的人产生影响的。马拉古奇，你们也许还记得，是一位积极的反法西斯主义者，他不仅极为重视妇女的工作权以及为她们的孩子提供高质量的照顾和教育条件，而且还重视孩子们的世俗教育权，在这种教育取向的引导下，她们既可以自由发问，又可以超越那既定时代角色而改变自己的命运。她们很幸运地能够与当地及市政当局的很多文化价值观产生共鸣。因此，学前教育运动尤其是在这样一种政治氛围中被发动起来的，即视教育为解放贫苦人们的一股至关重要的力量，以及视孩子们是有能力、有思想、有权利的主体。

每所学前学校或每个婴幼儿中心所做的事情是——一个孩子从家里带回来了某些东西或说了些什么而引起了教师们的注意，以此为诱因的循环就被开启了。以某个孩子的兴趣为立足点或某位教师向孩子们介绍一种文化工具，都可以引发出一系列的教育步骤：提问、倾听、探索、创造、讨论、制作、评价、分享以及反思等。文化正是在个过程中被创造出来的。

一个特别能触动人心灵的案例，就是那个为瑞吉欧市的巴洛克式剧院设计一块新幕布的案例，在开展这个项目的过程中，孩子们不仅亲自参观了这个剧院，讨论并设计幕布，而且还一如既往地与同伴、教师一起协同合作，使用电脑技术来制作幕布。这个剧院是小镇上的一个文化场所，孩子们和家长经常光顾这里。那块旧的幕布——一种文化的产物——是由阿方索·基耶里奇（Alfonso Chierici）设计制作的，并被视为该镇历史的文物而备受珍视。当它不得不被撤换下来的时候，剧院管理部门就邀请戴安娜学校的孩子们为他们重新设计并制作一块幕布。设计和制作幕布的过程是漫长而艰辛的，然而在瑞吉欧孩子们团结合作精神的鼓舞下，她们最终出色地完成了任务。由于它充分表现出了孩子们的一百种语言以及教师们对此所做出的相应回应，因此在接下来的一章里，我们将着力叙述孩子们制作幕布的整个过程。

小结

本章我们已经考察了教师们对孩子们的一百种语言所做出的回应。我们将她们视为是倾听者、发起者、伙伴、回应者、研究者和倡导者。在接下来的这章我们将详细地考察最能展现孩子们雄心壮志和公共服务精神的项目之一：剧院幕布的设计。在这里我们可以看到教师们与孩子们在相互倾听与回应，共同学习与欣赏时，所展现出来的翩翩舞姿。

CHAPTER SEVEN
The story of the theatre curtain

第七章
剧院幕布的故事

> 我绝不会向你们隐瞒我们对工作坊的创立到底倾注了多少希望。我们知道除此之外不可能再提更多的要求了。然而，如果我们还可以这样做的话，那么我们也许依然会通过创造一种新的学校类型，这里面会有完全类似于工作坊性质的实验室，而走得更远。我们大概还会创建起另一种新型学校，在这里孩子们的双手可以无拘无束地"肆意捣腾"……而不会有任何的无聊感，双手和大脑将会最大限度地相互配合，从而感受到其在生物学和进化论意义上所释放出来的快感。
>
> （Malaguzzi in Edwards *et al.*, 2011: 49）

在前两章里，我们已经考察了儿童所使用的一百种言语，并思考了这一百种语言是如何要求其教师也相应地做出一百种回应的。为了说明这一点，我打算告诉你们一个故事，它来自于时任瑞吉欧市剧院集团（I Teatri Consortium）主席埃利奥·卡诺瓦（Elio Canova）的灵感。剧院（阿里奥斯托剧院——译者注）里的两块幕布坏了一块，因而需要修复。卡诺瓦，是一个热心支持瑞吉欧儿童事业的人，于是便产生了请戴安娜学校的孩子们设计一块幕布的主意。他非常清楚这是一件实实在在的、关系重大的、具有重要文化意义的事情。孩子们对剧院很熟悉，经常和父母或其他人去那里看表演，而此时她们却拥有一个如梦幻般的机会，使用一百种语言去为自己的社区做一些切实、美好、实用和众所瞩目的事情了。

桑德拉·普契尼（Sandra Piccini），时任市政当局的文化与教育专员，虽然赞美了该镇拥有悠久的致力于儿童事业的历史，但她认为任何地方的儿童都能够做一些类似于创制剧院幕布的事情。在这个背景下，公民领袖的角色，就涉及要揭示出学前教育对整个社会为何会如此重要的原因，以及幼儿的养护和学习又怎么会成为整个社会的责任的原因。虽然英国几乎没有出现过这种意识，然而，显而易见的是，社会参与在瑞吉欧却一如既往地是该市生活中的重要内容。我想，对于那些建立并保持着与孩子们进行对话的地方而言，这也许都是真的。伦敦有一个独角兽剧院，坐落于泰晤士河南岸，这是一个历来就珍视幼儿、戏剧、故事、艺术和文化的地方。当你到此地参观的时候，经常会发现这里有孩子们的艺术作品展——但还是让我们续说前面提到的幕布故事吧。

你们可能还记得马拉古奇在项目一开始时，是怎样去表述他对于早期教育的观点的吧。通过这样做，他就确保了学前教育机构都能变成公共空间，就像剧院一样。你们可能同样通过阅读而知道了这座城市自身是如何在某种意义上变成一个大型剧院的，至少一年中有一天，孩子们及其教师、家长都会一起走上街头，去展示并庆祝自己在学习上所取得的成就。

你们应当知道的是，这座精彩的城市现在已拥有14万居民，并且还呈现出高速增长态势。与普遍的看法相反，这里现在已经是一个在文化上和语言上都表现出多样化的地方，有一百多个不同的族群存在。学校和剧院——以及街道、广场和公园——属于所有人。

本章内容是以韦亚·韦基那本非常出色的著作为基础而写就的，她曾经是戴安娜学校的驻校艺术教师，现在则是一名为瑞吉欧儿童提供咨询服务的顾问。她那本由瑞吉欧儿童出版发行，名为《剧院幕布：变形之链》(*Theater Curtain: the Ring of Transformations*) 的著作，就是一个将所纪录之材料编辑为一本书（2002）的鲜活案例。

说明：

本章中我将教师们所做的事情用不同的字体（仿宋体）凸显出来了。这样做是为了方便读者弄清楚教师究竟是在哪些地方分别扮演着发起者、追随者和合作者的角色的。[1]

故事的开始：最初的步骤、印象和想法

那些设计项目的人都有这样一种认识，即她们必须一开始就拥有项目所需的足够多的亲身经历，在这个案例中，所谓的亲身经历无疑就是去参观该剧院。该项目所关涉到的问题是显而易见的，它们具体包括：由于经费有限，因此大家应该认识到所使用的技术必须是经济实惠而又便于操作的；幕布必须符合安全要求，其材质必须是防火的；幕布实际上的尺寸是如此地大，这就意味着不可能把项目的最终流程全权交给孩

---

[1] 译者注：著者此处所说的"不同的字体"仅限本章自此以下的内容，其他章节中的楷体字体与原著同。

子们去做；必须事先决定好到哪里开展工作，需要些什么人参与进来，以及是否必须要选一些孩子参与项目最后的阶段。

1. 项目的第一步就是去参观剧院，这是一个她们都很熟悉的地方，然而，在这个案例中，她们都是真正带着新的视角来到这里进行观察的。这座剧院建筑本身就是一个能给人留下深刻印象的地方，在其门前矗立着各种雕像，而在雕像下则是一个门廊，拱门和窗户的形状与尺寸各异，墙上和花园里到处都装饰着各种浮雕和饰板。

孩子们漫步其中，观察着、讨论着，教师们则跟在她们身旁，记录下她们所说的话。以下是其中一些孩子的想法：

> 这里真大！这里的柱子和窗户实在是太多了。
> 我不知道谁住在这儿。
> 他们把雕塑放到屋顶上，这样就可以使得剧院变得更重要了。
> 也许这些雕塑都是由那些已经过世了的人建造的。
> 这儿也许就是它的名称，上面写了1800多个。

你们可以发现孩子们是在边观看边思考时提出这些假设来的。

2. 孩子们探索剧院的空间，在门廊里穿梭奔跑，沿着台阶爬上去，绕着那些圆形列柱跑进跑出，反复地做着敲击这些柱子的游戏。他们一直出出进进，上上下下，一圈一圈地转啊转。

3. 然后，教师要求孩子们画一张站在剧院外所能看到的该建筑的图纸。这些图纸，就像瑞吉欧孩子们所画的大部分作品一样，都在细节刻画、图案观感以及对建筑特征的观察力上表现得卓尔不凡。教师们在她们对这些图纸原稿的评语中说道："绘画是需要花时间去集中注意力观察的。"这样我们才会注意到不同事物之间的关系。站在正前方看，这些柱子是呈一条直线但又隔着一定距离排列开来的，柱子的上方就是紧闭着的窗户，窗户往上则是贴在墙上的装饰性饰板，再往上就是那些雕塑了。如果从侧面来看，那么就很难看见并认出这些塑像了。而如果从后面看的话，虽然这些塑像压根儿就看不到，但是却能看到冒出了一个斜屋顶。

4. 接着孩子们被带进了室内，里面的柱子更是按层级排列开来，到处金碧辉煌，一个巨大的穹顶上描绘着彩色的图案，诸如此类的精美景观举目皆然。以下是其中一些孩子所说的话：

> 哇！这看起来就像是天堂里的剧院一样。
>
> 快看那个枝形吊灯！这是一盏里面装有白色钻石的灯！
>
> 头顶上的那个圆东西就像是一个世界，里面画有正在飞的人，以及长着翅膀的马，还有一些树林，一些湖，以及飘着白云的蓝天。
>
> 然后这里面还有一千盏灯——黄色的、绿色的和红色的，当演出开始的时候，这些灯就全部熄灭了，所有的一切都沉浸于黑暗之中。

教师们注意到，此时孩子们变得更加安静，很少说话，纷纷若有所思地凝望着上方。于是她们便建议孩子们顺着正厅前座区的半圆形边缘走，边走边用他们的手指触摸着墙壁去感受其形状。接着她们就听到了孩子们面带微笑地使用隐喻交流起来：

> 它建造得就像是一道拱门。
>
> 它就像是半个鸡蛋。

在这个时候，孩子们尚且不知道她们要为这个剧院设计幕布的安排。在她们看来，这就是她们经常能享受到的令人愉快的外出旅行活动中的一次。然而，当孩子们开始观察现存的那块幕布，并讨论着它所表达的意思时，教师们就趁机问她们是如何看待设计出一块新幕布这种想法的。以下是其中一些孩子给出的回答：

我不认为我们可以完成这项任务，因为这太耗时间了，至少需要11天。

看，那样大的一个东西能够支撑起所有孩子的想法。不是仅只一个想法，而是很多很多想法。

我想最好是有人能够到舞台上去测量它的大小。

你们可能已经猜到了她们会决定用自己的身体去测量这块幕布的宽度的。确实如此，她们是通过数脚步的数量以及她们那张开的双臂被使用的次数来进行测量的。教师们，如同往常一样专注地观察着，并注意到因尺寸而引发的焦虑感开始爬到孩子们的心头了，于是她们决定告诉孩子们，在这个时候她们应该做的事情是要把现在的设计缩小，到最后再用特定的方法将其放大。

这首次参观的最后步骤就是让孩子们观察、探索并把这剧院的室内画下来——由于室内环境是如此地复杂，因此这可是一项非常艰巨的任务。

回到学校：继续开展

1. 教师们回到学校后所做的第一件事情，就是让孩子们运用身体的大肌肉运动来重绘——她们对舞台中央那块幕布的宽度所进行的估算方法——露天广场。这是学校里面最大的一块室外空间。孩子们再一次用步子或用展开双臂的次数去测，然后又用米尺去测。尽管孩子们最初能够测出一小块地方的面积，然而对于一些概略尺寸的抽象概念却需要斟酌一番。

2. 教师们接着追问孩子们关于剧院和对其进行参观时的想法。以下是孩子们所说到的一些事情：

也许他们是想要我们制作一块新的幕布，因为他们认为我们对这个很在行。

我想这是因为我们学校是离这个剧院最近的一所。

与往常一样，教师们依然认真地倾听着孩子们所说的话，并注意到令孩子们印象最深刻的事情就是那布满墙面和天花板的金碧辉煌的精美饰板。孩子们将其称之为"橡皮图章"，无疑地，这与她们自己家里有橡皮图章有关。于是她们立刻着手去制作自己设计的橡皮图章了。剧院里的这些"橡皮图章"有很多种图案——各种各样的花、叶子、鸭子、鸟和卷须。孩子们的设计不仅包括了所有这些东西，而且还另外创作了各种心形物、蛇、以及其他许多各种不同的图案。图案中充满了各种线条、曲线、点和螺旋形。可以说它们就是一个线条和色彩的世界。

在接下来的几天里，所有的孩子，都分成不同的小组，又去参观剧院了。其中的一些孩子参观了剧院里的非公共区域，因此她们就能够看到那些降下幕布的设备，或那些遮盖住电缆和开关的大型电子看板，其中还有一些孩子绘制了精细的图纸，如关于这些设施的图解。

精美的图形，快乐的事情，太阳、月亮与星星

1. 当教师们问什么样的图形放到幕布上比较合适时，孩子们几乎是不假思索地给出了答案。她们愿意放一些漂亮的东西，能够使人们感到开心的东西，画起来有意思的东西，以及能够带来一种安宁感的东西。她们坚持认为蝎子、蛇和甲虫不能被包含在内，但是其他小动物，如蜻蜓和漂亮的草蜢是可以被包含进去的。教师们总结出来的结果是，孩子们想要呈现的是她们喜欢，令她们感到开心，非常重要以及很有意思的

东西。但她们在事实上还记得并记录下来孩子们还一度非常喜欢春天的昆虫，并感觉到有些昆虫对她们的选择产生了影响。

  2. 就这样，绘画开始了。孩子们可以利用一系列的资源来做这件事情。你们可要记住她们在这方面是颇有经验的，并且习惯于得到驻校艺术教师的帮助。她们可以通过真实的观察、查找书中的图片、记忆或臆想来画出各种植物、动物或太阳。然而由于希望孩子们能够使所画的东西有一种活灵活现的感觉，因此教师们也尽力在此过程中穿插进一些讨论，以及关于植物是如何生长、能量是什么东西等方面的科学观察：她们将此称为"生命的脉动"。

在生物学与魔法之间：变形和改变

  孩子们开始着手画了，她们边画边聊，并开始编故事，观察别的孩子正在做的事情。一个美妙的时刻，即改变了整个项目的时刻——就是当乔瓦尼说："我种的植物正在变形，它正处于一个发生变形的阶段。"不一会儿，他又接着说："我们为什么不也这样做以使我们所画的东西变形为另外的东西呢？"

  韦亚·韦基将幼儿园生活中类似这样的时刻称为生成性时刻，此即一件事情的发生就可以将整个工作调转到一个特定方向的时刻。我认为我们也可以将其称为一个顿悟瞬间。然而韦基对乔瓦尼想法的来源所进行的分析是很有吸引力的。她认为孩子们自己就是处于生长状态的，而生长就意味着改变和变形。由于孩子们也从电视和电影这些媒体中看到过许多常见的魔法变形场景，因此她们到学校、家里、露天广场和公园里到处表演变形。在韦基看来，变形（transformations）和变态都是介于生物学（自然的生理生长和改变）与魔法（幻想中的改变）之间进程上的某个节点。

因此,其中的一位教师,保拉,便问孩子们她们是怎样看待乔瓦尼的观点的。孩子们的回答不仅措辞清晰,而且还富有想象力。虽然她们都很喜欢变形这个想法,但是又都一致认为那个主体,即要变形的那个事物——必须能够自主地决定是否要变形。同时,她们也认为变形的主体还应该被允许回到其最初的状态。

从这里我们看到教师们确实表现出了她们对孩子们自己的绘画和创作过程给予了很大程度的尊重。因为主体不仅有权利被变成为另外的东西,而且还有权利回到最初的状态,每个孩子都有两张纸——一张纸用来画没有发生变化的主体,另一张则用来画变形后的主体。主体如果想要回到其最初状态,那么这一状态已然存在,就是那第一张纸上所画的。

给孩子们提供的物品有软心铅笔、彩色笔、黑色马克笔,以及贴着或薄或厚贴士的彩色标识等。她们要在A3或A4两种型号的纸,以及大张的花纹纸之间任选一种。给她们提供的还有她们喜欢的橡皮。橡皮可以使她们自由而方便地擦掉那些画错的地方,并顺利地去改变所画之物的原形。

说明:

以上内容用专为教师使用的字体凸显出来,是因为给孩子们提供那些可选材料的人正是教师们自己。

变形开始了。有些孩子能很快地进入状态。有些孩子在别人开始在原图的基础上有条不紊地改变或变形的时候,她们则将原图丢到一边儿而胡乱涂鸦起来。孩子们边画边喃喃自语。乔瓦尼画了一只绝妙的草蜢,他所做的变形就是把草蜢的腿加长。他说:"当我给草蜢变形的时候,它腿上的肉总是只有一点点……"

乔瓦尼画了太阳和一片树叶，他说："当我在给太阳变形的时候，我就会想它的能量问题，于是我就把能量的各种形状都画出来了。然而当我画植物的时候，我也会思考促使它与它的根、水和阳光一起成长的能量问题。"

我该选择哪一样：电脑还是纸张？把它们组合起来

画好了很多画以后，教师就要求孩子们从中挑选一些她们愿意放到幕布上去的画。一旦挑选出来了，那么这些零散的画就要被组合成一幅新画，可想而知，这是整个过程中非常棘手的一步。于是教师们决定给孩子们提供两种选择：

- 一些孩子去试验着先把挑选好的画剪下来，然后再把它们放到一张大纸上去拼贴组合；
- 另一些孩子则把要选好的画扫描进电脑里在屏幕上浏览。这样，大家就可以在电脑上放大或旋转这些画，并确定它们各自的位置。

教师们都很清楚数字化革命在当前孩子们这一代人的生活中所扮演的或隐或现的角色，因此她们决定要让孩子们学会熟练地运用电脑技术。她们给孩子们提供了两种使用程序（即 photoshop 和 pagemaker——译者注），意料之中的，孩子们很快地就能运用自如。教师们想要做的事情就是仔细地去观察孩子们在电脑上操作程序时究竟会做些什么。她们希望看到孩子们所使用的那些方法，这种观察和记录过程是马拉古奇教学思想中非常重要，也是最基本、最基础的一部分。她们采用个体与集体观察并行的策略，并随时而详细地记录下孩子们的所做的事情。

正在使用电脑的孩子们，选中了所有的图片——换句话说，她们正用电脑来把这些图片在最大限度内放大或缩小，并注意会发生什么情况。以下是她们的一些议论：

它变得越来越小了，它消失了！

快看这只草蜢。它是一只怪物！

此时孩子们仍没有兴趣去制作一张组合图，虽然她们后来会对此提起兴趣。教师们注意到并评论了这一反常现象，即坐在电脑前使用电脑的孩子们显得格外安静。然而她们还是会通过扮鬼脸和发出或惊惧或高兴的感叹声，来模仿自己所看到的东西。同时，她们还注意到使用电脑的孩子们很喜欢把图片叠加到一起，而那些在大纸上拼贴图片的孩子们是绝对不会这样做的。

随着孩子们对电脑技术的掌握越发熟练，她们便开始采用各种办法去叙述自己所做的事情了。有一些孩子通过把纸剪出各种形状，再把它们组合粘贴到一起，从而创作出各种各样的作品。另有一些孩子使用数码相机。还有一些孩子则先后使用电脑、纸和数码相机，最后又返回去用电脑；这是孩子们在使用新的和已知的语言作为她们自己表达词汇之组成部分的例证。而一直在旁边默默地观察并记录着的教师，则决定去提高并扩展孩子们的语言以作为对其以上表现的回应。

这时候，教师们决定请孩子们对她们使用过的那些不同方法进行评价。这种邀请孩子们对学习进行自我反思的做法是瑞吉欧教学法的另一重特征。以下是其中一些孩子的原话：

电脑的功能很强大：你可以把它们变大或变小，让它们出现或消失；你还可以改变它，任意地设计出各种图形。

我没有通过电脑发现任何新东西。我只是通过移动这些纸张而把图画分散到四周，一张放下面，一张放上面，一张放这儿，一张放那儿。

故事的作用：变成一幅链接的图像

这个时候不禁让人产生这样一种感觉，即人们——孩子们和成人们——都迷了路。这些孩子们一直在摆弄的图片看起来仍然是支离破碎的，而不是已经形成了一幅完整的新组合图。为了帮助孩子们解决这个问题，教师们邀请她们先就这些零散的图片编故事，然后再把它们连接成一个完整的故事。

就要完成了：米米（Mimi）的细胞舞

制作幕布的最后阶段包括了很多活动和决议。孩子们参与到了用投影仪把她们的图片在醋酸胶片上放大的过程中。现在，只有一小部分孩子参与到这项工作中，她们被分为两个小组，每组三个人，一组男孩儿，一组女孩儿。之所以选择这些孩子，首先是基于她们对这个项目一直都很感兴趣，其次则是基于她们的实际策略和能力。教师们希望每个组都能在成员的安排上真正地实现策略与能力的混合搭配。

孩子们必须就此达成一致意见，即最终应该在两幅图像中选择哪一幅来使其变成为幕布主题。毫无疑问，两个组都为自己设计的图像辩论不休，直到女孩子慷慨而诚实地展开了一场讨论会后，才做出了最终决定。

你们可以通过阅读韦基的那本书（2011）来更详细地了解这幅最终定稿的图像，并欣赏那展示出这个项目全程的精彩照片，韦基的书我已在本书结尾处的参考书目中列出来了。

按照戴安娜学校的传统，参与这个项目的孩子与教师跟班上的其他孩子一起分享了他们所遇到的问题，并获得了大家对其最终选择的大力支持。

项目的最后一个步骤是需要这六个孩子继续把这最终选定的图案描绘到一块塑料薄膜上。由于学校里没有空间给她们做这项工作，因此剧院就把他们画家的阁楼腾给这组孩子用。2—3个孩子与她们的教师一起，在阁楼上整整画了20天。孩子们完成任务后，他们所设计的图案就会被进行数字化处理，再最终印染到布上。

在工作的时候，即在醋酸胶片的顶部填涂上获得他们一致认同的那幅放大后的黑白设计图，孩子们仍继续议论、观察，并四下走动着。教师们已经摆好了各种颜色的颜料和各式画笔，并在阁楼上放了一把四脚梯子，这样孩子们就可以爬到梯子上俯瞰自己的作品了。教师们的行为表明她们是经常这样做的。孩子们有时亲密地聚在一起工作，享受着这种亲密无间的感情和聊天的机会。有时他们挨个地去征询别人的意见、建议或实际帮助。由于获得了更多的自信心，因此他们的笔触也变得越发大胆和坚定。在孩子们不求甚解和积极回应所见之物的影响下，他们的作品也被重新诠释。

教师们给孩子们提供了一部数码相机，以使他们能够如其所愿地去使用它，随时记录下身边所发生的事情。每当筋疲力尽的时候，孩子们都会停下来不再跳舞或四处跑动。阁楼的空间很大，足够让这些孩子们把项目从教室带到这里来做。

接下来一件令人惊异的事情发生了。在整个绘画工作都快接近尾声的时候，莱昂纳多突发奇想地问道："我们为什么不加入一些来自外太空的细胞呢？然后它们就可以随意地变化出自己想要变的形状了？"这个想法与整个项目的精神主旨可谓息息相通：一些自然形态不仅可以自由选择想要变成的形状，而且还可能会选择它自己的变形方式。围绕着一个细胞是什么样子的问题，孩子们展开了一系列讨论，对此，有一个孩子建议大家找一本书查阅一下，另一个孩子则说他不想去查书，因为他已经在脑海里勾勒出了一幅关于细胞的图景。这时，当其他孩子还在脑海中思考着细胞是什么样子的时候，一个名叫米米的小女孩却站了起来，

开始自发地翩翩起舞,满场飞扬起来。待小女孩刚刚落座,乔瓦尼又接着跳起舞来,并说了这样一番话:

> 我正在跳米米的细胞舞……看,我用舞姿把她所画的细胞样子表达出来了……我正用舞姿把它复制下来。在她用舞姿来表达出我所构想的细胞样子之前,我正用舞姿把她所画的细胞形象复制下来。

在我看来,这是一段关于这些享有特权的孩子们学会了使用她们自己的语言来与别人交流想法和感情的最精彩描述。

就这样,孩子们完成了自己的设计,这其中还包括了细胞,为此,剧院特意为孩子及其家长安排了一场非正式的预观会。很快地,当孩子们前往剧院去观看一场芭蕾舞表演的时候,他们看到了由自己亲手设计的幕布徐徐降下,又缓缓升起。

小结

本章集中阐述了瑞吉欧·艾米利亚市一所学前学校所开展的一个项目。我之所以花费如此多的笔墨去详尽地阐述它,就在于这是一个能够充分展现儿童与其教师之间持续平等对话的精彩案例。在这个案例中,儿童与教师很显然地相互尊重对方。每个小组都很清楚自己在对话中所扮演的角色——教师们偶尔会发动一些活动,但她们一般还是以追随孩子们的引导为主。这就意味着教师们要真正地去认真倾听、观察、分析、思考和记录。因此这是一件事情引发产生了另一件事情的过程。这也是一个能够展现孩子们的所有语言——实际上拥有的和潜在拥有的——是如何被重视、珍视和尊重的完美案例。所以,当米米跳细胞舞的时候没有任何人告诉她不可以这样做，或者跟她说细胞不会跳舞之类的话。大家都很严肃地对待她的表达。她所持有的假说就是你们可以通过音乐来展示一个细胞的样子。

在下一章我们将转而关注那些最幼小的孩子，以及马拉古奇对他们成长与学习所需条件的想法。

CHAPTER EIGHT
Responding to the needs of babies and toddlers

第八章
对婴儿和学步儿的需求做出回应

我们确保,学校是我们工作中最显而易见的部分。我相信它们传递出了许多理念和信息。每一所学校都积累了数十年的经验,并拥有三代教师。每个婴幼儿中心和每所学前学校都有其各自的过往与革新,有属于自己的经验层次、独特风格和文化水平。我们从来没有想要使它们变得千篇一律过。

(Malaguzzi in Edwards *et al.*, 2011: 330–1)

第一个婴幼儿中心,诞生于1971年,恰好在其诞生后的第二年,意大利一项新的国家法律颁布出台,该法要求所有直辖政府都要为4个月至3岁的孩子提供照管服务。这项法律对所有这些妇女来说是一个胜利,即那些十多年来一直为争取自己的工作权和求学权而努力抗争的妇女，她们希望在自己外出工作或求学时，能有人帮助她们照顾自己幼小的孩子。本章我们将考察马拉古奇及其同事们所面临的那些困境、抉择及其原因。我们同样地将从特定的背景和文化中去考察这些问题，这是本书的惯常手法，你们对此无疑已经非常熟悉了。

本章我们将考察这种服务机构是怎样产生的，环境作为学习伙伴在幼儿的学习过程中扮演着怎样重要的角色，以及这样两个至关重要的问题：工作坊的作用，积极倾听和教学纪录在实践中的主导地位。

占主导地位的社会思潮

仍然有人会做出这样的辩护，即婴儿和学步儿不应该接受任何形式的集体性照管，而只应该与其母亲或另外一名主要照顾者待在家里。因此，一点儿都不令人感到奇怪的是，不仅在瑞吉欧，不仅在意大利，而且在更远的地方，人们都普遍地辩护并接受这样一种观点，即母婴关系对于婴儿的发展乃至维系整个家庭而言都非常重要。为了支持这种论点，约翰·鲍比（John Bowlby）和雷内·施皮茨（Rene Spitz）的观点和著作，在"二战"后又被人们重新挖出来，广为引用。意大利的天主教还为此添油加醋地说道，如果把孩子送去特定机构中进行集体性照管，那么毫无疑问地会导致家庭破裂，带来未知的灾难和毁灭性后果。为非常幼小的儿童提供教育因而就成了一个需要处理的棘手问题。

此时，瑞吉欧·艾米利亚虽然已经收集了一系列有关学前学校成功运行的证据，但这显然是不够的。瑞吉欧镇的很多人都接受了需要尽快为婴儿和学步儿提供集体性照管的观点，然而，应该由谁负责这件事儿，应该怎样来做，以及纵然孩子被送去集体照管那些重要的家庭关系又应该怎样去培养等，这些都是必须解决的问题。相较之下，幼小的孩子与年龄更大一点的孩子是有着不同的需求的，如此一来，尽管人们可以从学前学校的经验中吸取经验，但是仍然需要去探索新的照管方式。

与妇女们鼓动要为她们的婴儿和学步儿提供高质量的照管比肩而行的，是马拉古奇也抱定决心要为这些幼小的孩子提供与此相当的教育，即他为这些孩子的哥哥姐姐和年龄稍大的朋友们所提供的那种教育。正如他曾领导了为开办学前学校而展开的战斗那样，他也成了这场新的婴幼儿中心运动的领导者之一。马拉古奇，与社会中的人们和其他人一起，开始辨识出社会中这些幼龄成员们的特定需求及其可能的解决途径。

一个体现文化层次的友好空间

当被问及你们认为幼小儿童都有哪些特殊需求时，你们将怎么回答呢？以下分别是由伦敦的卡姆登（Camden）的母亲们和瑞吉欧的母亲们所给出的答案：

卡姆登母亲们的回答：
- 婴儿们最需要的是被关爱。
- 他们需要有安全保证。
- 他们需要有一个特定的护理员。
- 他们需要生活在一个小集体里。
- 他们需要睡觉，需要有人喂养、换尿布、保暖以及抚爱的拥抱。

瑞吉欧母亲们的回答：
- 他们需要在别人的帮助下去适应从家庭到托儿所的环境转变，这需要很长的时间。
- 他们需要有属于自己的空间和进行探索的空间。
- 他们需要有很多有趣且漂亮的东西去看、摸、嗅和探索。
- 他们需要与自己遇到的人建立起人际关系。

- 他们需要受到自己家庭和经验，文化和语言的欢迎。

我发现这两组母亲的回答之所以发人深省，是因为瑞吉欧母亲们的期待要远高于卡姆登母亲们的期待。我将这种差距全权归结于马拉古奇那经年累月的努力。瑞吉欧的母亲们意识到婴儿和学步儿享有接受高质量的照管和教育的权利，而从伦敦这些母亲们的回答来看，她们显然缺少这种意识。

布鲁纳，曾多次参观瑞吉欧，他在其中一次参观时说道："一个婴幼儿中心，一所学校，就是一种空间的特殊形态，在这里人类被邀请着去发展他们的心智、态度、感官以及对更大社会环境的归属感。"研究者柯尔文·特热沃森（Colwyn Trevarthen）曾说："一岁以下的婴儿，虽然还没有发展起语言能力，但却能以超出心理科学理性预期之外的方式，与善于接受的成人进行更加强有力的和更加积极的沟通……他们借助诙谐和挑逗很快地发展出各种调节亲密接触的灵巧能力，并能对不同的人做出道德评价。"马拉古奇自己是绝对相信婴儿对来到一个有其他人生活的世界是充满好奇心和感受性的，由此他说道："同情以及创造性双向沟通的艺术对于幼儿园至大学之间每个教学阶段的'目的性参与学习'而言，都是至关重要的。"（2012: 175–6）"目的性参与"这个术语的最早使用者是芭芭拉·罗格夫（Barbara Rogoff）及其同事，它的意思即当教师集中注意力于孩子们感兴趣的事物时所发生的事情，并以此作为可能的介入推动学习进步，提供帮助、支持、资源，或仅仅做记录等行动的基础。这是婴儿、学步儿和年龄稍大儿童的优秀教师所做的事情的本质。

婴儿和学步儿拥有特殊的需求，它们涉及一些关于什么是最适合他们的，他们能做些什么以及应该由谁来照顾他们等深入人心的观念。卡姆登母亲们关心的是安全和亲密关系的形成，布鲁纳关注的是成为更广泛社会中的成员的能力，特热沃森关心的是他们从小所能获得的成为有能力和富有创造力的人的机会，而马拉古奇所关注的则是社会对其学习与发展的重要性。

这些非常幼小的孩子与那些年龄稍大的孩子在这些方面有很多共同点：与他们往往得到的肯定，特别是对他们社会性和交际方面的肯定相比，他们实际上所拥有的能力要强大得多。与年龄稍大的孩子一样，他们也是小小研究者，一直都在试图理解他们的世界，使用各种可能的方式去探索它，并在探索的过程中表达他们的情感和思想。婴儿虽然来到这个世界的时候还无法用口语来交流，且不能满足自己的生理需求，但是他们却证明他们会对别人的感情做出反应，能够与他们交流，分辨各种声音，表达出偏好，并似乎遵循着一种与他们的身体和大脑生长步调密切相关的自主发展计划。尽管冒着啰唆重复的危险，但还是值得再说一遍，他们在与别人交流互动上做得最好。

设计一个婴幼儿中心

当正在思考拟建的婴幼儿中心的设计方案时，马拉古奇及其设计同伴们都遵循着创建一所富有亲和力的学校的原则，以使其成为一处能让孩子们、教师们和家庭成员们都感觉到家的温暖、备受欢迎和珍视的地方。你们也许还记得在前面的一章里我们曾谈及一所富有亲和力的学校。把自己的孩子留给别人来照顾是一件深深地触动人感情的事情，母亲必须立刻就感受到这个为其孩子而特意设计的地方，是一个能将其孩子视为是重要的、有思想的、敏感的、有创造力的、有能力的、独特的和可爱的存在的地方。所遵循的另一条原则就是这个中心必须要完全地融入社区当中，欢迎并对家长、教师、儿童和参观者开放。第三条关键性原则就是托儿所应该促进所有的参与者都建立起真正的、可行的、平等的伙伴关系。这就意味着这里应该是一个可供教师们记录所有发生过的事情的专属空间，以使它在家长和家庭成员们的眼中具有可见性、可接近性和重要性。这同样意味着这里应该成为一个人们碰面、交谈和分享的地方。

韦基（2002）在她的书中与保罗·卡瓦佐尼（Paolo Cavazzoni）和玛达莱娜·泰代斯基（Maddalena Tedeschi）这两位教育家，以及图利奥·齐尼（Tullio Zini）这位设计了许多瑞吉欧学前学校的建筑师，展开了对话。他们谈论了他们可以从自己的原创设计以及发现孩子们正在使用它们的经历中得到些什么启发。他们知道自己必须考虑到这样一种事实，即孩子们到婴幼儿中心后虽然会变成为更小的、更独立的、更少主动活动的个体，但是他们仍然是好思考、好学习、有好奇心和善于交流的个体。他们所思考的主要问题之一，就是这些幼小的孩子会怎样来认知、四处运动和在任何给定的空间中居住，以及他们将会用所提供的资源来做什么。你们可以发现他们是怎样把所思考的一切事情都与他们的童年观、教学观、学习观，或教育观联系起来的。他们的出发点就是马拉古奇的，即隐含着创建使所有一切空间都能彼此紧密相连的关系教学法，这样任何学习方式或经历就都能保持亲密无间的关系了。游戏区与学习区、厨房与教室，里面与外面这种空间分隔的形式也消失于无形之中。学习通过每一次交流和数百种不同的方式而变得无处不在。

正如学前学校那样，每一个中心的入口都被建造得格外温馨。除此以外，中心里还有各种大小不一的空间，含蓄地驳斥了这样一种习以为常的观点，即幼小的孩子喜欢待在狭小的空间里。以高大的空间为例，设计者们都认为它可以提供新的看问题的视角。界于两层楼之间的楼梯间提供了三种可能的观察视角，即从上往下看、从下往上看以及上下贯通地看。必定有一个可以容纳很多人的公共空间，足以将成人与儿童都容纳进来。设计者们承认更小一点的空间也许有助于更好地控制孩子们，但是他们却想要让孩子们从不同的视角来观察各种事物。也许你们和我一样，都被这种不顾健康和安全隐患的论述震撼了。

图利奥这位建筑师谈论了他是如何想把那些可能会被视为是女性世界中之组成部分的内容吸纳到他的计划方案中去；他所谓的女性世界就是指那种注重细节的女性文化世界，在所有的婴幼儿中心里，你们都会看到各种鲜花、柔软的织物、清爽的色彩、种在室内外的植物，以及其他为孩子们熟知的事物。他的目标就是创造出简单而基本的、拥有最低程度约束的景象。因此，有些空间是多功能的，而有些空间，如工作坊，则不是。从空间里往外看去的视野以及从外面往空间里看去的视野也都很重要。幼小的孩子能够从他们所在的空间往外看到其他的空间、事物和人。这是一个简单而基本的同时富有社会性的景象。例如，在婴幼儿中心有一处可以俯瞰停车场的空间，教师们都意识到这个事实，即每天，这些刚刚能够四处活动的婴儿，都会爬到窗户旁去跟他们的父母告别。由此这些窗户就扮演了可称之为安全位（security niches）的角色。它们都是不断重演感情上之离别的安全地方。

每一处空间都反映了其设计者的文化理念。一个婴幼儿中心包含了很多的文化层级，第一个层级就是这个空间自身的美感。正如你们所知，这一点明显地表现在这些方面：设计的简约质朴，色彩的轻柔淡雅，对植物的精心照料，家具用品有时还是家长们自己亲自设计和制作的，整个空间可谓无微不至。在一个婴幼儿中心里有这样一件由某位家长亲自制作的家具。它有很多小门，高度与学步儿的身高相当，每扇门都带有一种不同的开或关的装置。此外还有各种插在钥匙孔里的钥匙，以及把手、按钮、滑动螺栓等。第二个文化层级涉及这个城市和地域的文化，这些都被反映到了空间的组织结构当中，反映出人们在一起工作和制定计划时的合作与配合。露天广场，显然在所有的空间中，就是这种文化层级意义上的一个典型例子。以伯明翰的一个托儿所为例，给它建造一个露天广场是毫无意义的,然而对于瑞吉欧的婴幼儿中心来说就不一样了,露天广场是其城市自身的一个重要组成部分。地域上的联系通过中心所使用的一些工具和材料,孩子们所吃的食物及其所听和所说的语言,而被充分地展现出来了。纪录,这项在所有的学前学校中都备受重视的工作,对瑞吉欧市及其环境表达了崇高的敬意,因为它陈列了各种画作、图画、照片以及其他与孩子们很多次走出学校而融入这个城市及其环境中去密切相关的作品。瑞吉欧儿童制作了一套以其所在城市为主题的明信片图画。这套明信片被命名为"瑞吉欧集锦:孩子们眼中的城市"(Reggio Tutta: the City as Seen by the Children)。以下就是孩子们对其城市所谈到的一些想法:

在晚上,天空会与树木交谈。
城市里的味道闻起来是湿湿的。
住在瑞吉欧市的每个人都有一辆自行车。
市中心就像是世界的中心一样,所有的一切都以它为中心。

这正是每个婴幼儿中心都拥有的一种非常独特的文化,在其影响下每个中心都编织着属于自己的故事,对它们进行编档处理,并经年累月地保存它们。这些故事的内容都是关于孩子们及其家庭,以及他们的成功、困惑、答案和理论的。现在所保存的故事内容已经涵盖了三代儿童。而在这些保存下来的故事中,既有个体性的故事,又有集体性的故事,还有关于工作和计划的特定方法,以及婴儿和学步儿与其教师、家庭和社区之间生活上复杂交织的关系的。家庭—婴幼儿中心沟通的重要方面,可以通过很多事物而变得突出、必要和鲜明起来。例如,孩子们带到中心来安慰自己、给自己玩或展示给别人看的物品,以及他们从中心带回家的物品。绝大多数中心都收集了孩子们已经带来或搜集到的物品，这些物品有时候会被放在透明的塑料盒子里展示出来。此外，当孩子们想要或需要带东西回家或带东西到学校里来时，他们都会把这些东西装到塑料袋子里往返于家和学校之间。

当孩子们在游戏、表演、探索和表达的时候，他们就创造了属于自己的文化。环境不仅为这个文化创造过程提供了支持，而且还为那可以形成和带来新想法的新关系提供了支持。所有这些中心的共同要素，就是发现创造性的解决方案，重视环境，关注细节，以及反映出由孩子们和家庭所带进来的生活历程。

一个三项权利的法案

在1993年，马拉古奇提出了他关于家长拥有对自己孩子教育的真正发言权的思想，其中就包括那有时候被称作一个"三项权利的法案"（Bill of Three Rights）。与家长们建立起平等而相互尊重的伙伴关系是至关重要的，这种伙伴关系不仅意味着要及时告知家长关于他们孩子在学校的表现如何，而且还要征询并倾听他们关于自己孩子在婴幼儿中心生活中所有方面的看法：

> 当将孩子委托给公共机构照管的时候，家长们有权利去自由而积极地参与到基本原则的制定过程中，以及参与到他们孩子的成长、护理和学习的历程当中……家长们应该以这样一种姿态和角色出现，即如被我们这具有悠久传统和历史的教育体系历来所尊重的某个对象那样。
>
> （Malaguzzi, 1993: 9）

你们也许还记得，在本书的第一章里，我们谈论了马拉古奇是怎样与布朗芬布伦纳分享了一些想法的，布朗芬布伦纳将每个孩子都视为是一个被置于各种文化层级、环境和影响中的个体，他们从家庭的亲密关系走向周围的邻里关系和社区中，直至最终到达那虽然非常遥远但却通常带来麻烦性影响的政府政策。

霍尔（Hall）等人同时考察了婴幼儿中心和学前学校的特点，此举突出强调了家长和家庭的伙伴关系的极端重要性。我们虽然已经对此展开了一些讨论，如每天与父亲或母亲分离时的敏感时刻，但我们还是要对此进行重新考察。首先就是刚到婴幼儿中心的时候，这是一个正在做出转换的时候，即从非常亲密的家庭环境进入到一个不这么亲密的婴幼儿中心环境。意大利语中的词语融入（l'inserimento），意思就是第一次从"专注于依恋父母和家庭到将依恋扩展至包括婴幼儿中心里的成人和环境在内"的转换。（Malaguzzi, 1998: 62）此处所强调的重点是新的依恋和关系的形成，以及使这种转换尽可能地容易。瑞吉欧的人们普遍接受了这个观点，即这一转换过程需要花费很长的时间，并且还要把这段时间分为不同的阶段逐步而细心地制定计划，一步一个脚印地，在每个孩子的基础上，与家长及其感情和工作需要紧密地结合起来。就像英国的很多地方在孩子进托儿所之前，就已经开始采用包括家访的形式，来做这件事情了。如果有兴趣想要更详细地了解具体的做法，那么你们可以在霍尔的书中（2010）找到翔实的介绍。通过这种细致而缓慢的过程所建立起来的是一种相互信任、尊重和理解的关系。很多家长在自己的孩子离开婴幼儿中心很久以后还与其保持联系，就是对这种关系的事实证明。

另外一个很难翻译的意大利词是partecipazione。照字面上来看，我们可以将其翻译为参与，但是在实质上它的含义要丰富得多。partecipazione是一个在意大利法律中被明文昭示的概念，意指家庭在建设和管理婴幼儿中心上的分担与共同责任。这样婴幼儿中心的经营就是由教师与家长通过讨论和辩论、解释与质疑来共同构建的。尽管有一些婴幼儿中心已经在这方面做出了英勇的努力，但我们在英国还是很难找到与此相似的做法。两国之间的区别就在于这方面要求的法律地位上；在意大利，这全是马拉古奇旷日持久和坚持不懈地展开辩论和发动运动的结果。家长被邀请参与讨论和做出关于儿童应怎样学习，怎样为其提供帮助或教育等方面的事务中建言献策。对马拉古奇及其追随者而言，这是一个重要的社会变革工具。里纳尔迪（2007）谈论到学校是吸引参与的地方，在这里与家长们展开对话以及举镇上下均积极参与进来一直都是整个学前教育计划的重要内容。你们可想而知，这不是一件轻而易举就能办到的事情，因为这也许会对教师们或家长们构成很大的挑战，然而其中心旨趣就是致力于为具有天赋能力的孩子尽可能地提供最好的照管与教育的决心。

在大多数讨论中都会涉及的事情就是反思为什么要保持或改变事物的原貌，并以能够展现孩子们非凡能力的话语或行为为例而图文并茂地加以说明，即使是在讨论以婴儿和学步儿为主题的时候。讨论和争辩是因教师所参与的详细纪录而起的。孩子们的所言和所行都被记录了下来，并允许家庭成员们察看、分析、思考和分享。用来描述这种记录孩子们成就的术语是教学纪录。这与在试卷上打分或写一份评语完全不同。它涉及积极倾听。这就意味着参与教学纪录的教师要对孩子试图去做什么事情、她脑海中产生了什么疑问，以及她形成了什么理论等是真心地感兴趣的。通过倾听每个孩子的自言自语或对别人说的话，并直觉地去感知她所关注的或引起她兴趣的事情是什么，教师就可以提出一个属于她自己的理论——关于这回所发生的事情。以下这个引自韦基的案例可以对此予以阐明：

> 马蒂亚（Mattia）10个月大。他朝着一个碗柜爬去，他坐起身来正好能够着抽屉的环形把手。他还注意到地上有一把金属茶匙。于是他开始一次又一次地把这把茶匙穿过那环形把手。教师们不知道在他的经验中是否有某件事情暗示他这把茶匙是能够穿过把手的，做这件事儿对他而言并不容易。他每次这样做的时候茶匙都会掉到地上，由于他一再地重复，因此就制造出了一种令他感到非常开心的声音。

成人们会怎样看待这个在行动中学习或主动倾向的案例呢？下面是韦基的分析：

> 此时此刻，关于教师的工作也许在人们的理解中已经产生了分歧。有的人也许会首先以欣赏的态度来观察这个场景，然而到最后却对此变得了无兴趣。因为他们不认为它与教育者的工作有什么关系。另外一名教师也许会仔细地观察这件微不足道的事情，并对马蒂亚的所有探索行动进行注解，因为在经过适当的思考后，这些探索行为被认为是可以供其他孩子作为材料而被重复使用的。记录了马蒂亚这个游戏的教师从而可以开启一个项目，即为相同年龄的孩子们提供一个小环境，让其置身于一个其他孩子能够复制马蒂亚探索行为中主要步骤的情境中，并突出或改变知觉上的某些方面，如尺寸（同时包括被物体穿过的那个洞以及物体本身的尺寸），物体穿过这个洞的难度，物体落下的高度，物体的材质，为了导致不同音效而选择

的物体掉落地的表面……

（Vecchi, 2010: 39-40）

　　这看起来是一个完美的解释，它正好解释了这种积极倾听对瑞吉欧教学的整体而言是多么的重要。我之所以选择这个案例，是因为要从一个孩子把一根茶匙从把手中间穿过去的探索行为中发现有意思的事情，比对着那被创作出来的绝妙艺术作品大发感叹，要难得多。虽然过程都是一样的。任何一个孩子对某件事物产生了兴趣，于是就会开始探索并表达出她正在形成的意念、想法和情感。这种表达也许是在不断重复的身体行动中去享受或理解正在发生的事情；也许是在一块空间中四处溜达以弄明白其大小，从一个地点到另一个地点需要走多少步；也许是在操纵一块黏土的过程中去试试看可以捏出什么形状来，这些形状像什么以及可以变成什么。每个孩子都在使用她的一百种语言。教师，则积极地倾听、记录并整编自己所听到和看到的事物，然后再花时间去分析它，以便能够理解它，从中获得认识，并将其运用到其他情景或儿童身上。

　　韦基在她的书中接下来对其与马蒂亚家长所拥有的伙伴关系做出了精彩阐述，马蒂亚的父母给韦基带来了这段令人高兴的关于他在家学习的记述。

　　　　马蒂亚刚满11个月，一段时间以来，他已经知道了该怎样从沙发和床上下来；当他坐在沙发上或床上时，就会以屁股为支点转身，背朝地面地滑到地上去。但与往常不同，今天他从床上下来后，又想从地上重新回到床上去，但是由于床面距离地面太高，因此尽管他不断地努力尝试却终未能如愿。接着他离开了原地，父母还以为他已经放弃了重新回到床上去的想法，然而很快地他又推着一个小塑料凳回来了，他把它放在床边作为一个阶梯，最后借助这个阶梯爬到了床上。

(Vecchi, 2010: 130)

韦基不仅记录并保存了这段记述，而且还进而对其进行了分析，将其应用于他在接下来的几个月中所做的事情里。她告诉我们，他现在会使用很多不同的家用物品垫在脚下以够着开关去把灯开开，这是他非常喜欢做的事情。她于是思考了在那第一次使其变高的经历中，是什么东西不仅使他能够继续这样做，而且还促使他把这一做法运用到不同的情景中去。她提出了很多因素——动机、情感、身体、独立性、所需付出的努力、成功实现目标，这就是倾听、观察、分析、记录与纪录、与家长诚恳而平等地合作，以及尊重孩子的能力。

第三个很难翻译的意大利术语是 gestione sociale，我们可以宽泛地将其翻译为意指社会管理，而在瑞吉欧其具体含义就是指参与到日常经验和正式的支持其学前学校的管理组织中。希望你们还记得这些中心是怎样出现以及它们是如何从"二战"的废墟、天主教会的束缚、妇女和工人争取自身及其孩子的权利斗争运动中诞生的。脱胎于这些为权利而斗争的运动的，是拥有各种不同背景的人们组成的致力于改造世界的团体，以保证孩子们不再成为无声者。1970 年一项国家法律开始实行，这项法律要求婴幼儿中心应该在国家政府提供资金支持的帮助下归社区管理；地方政府负责全盘规划，市政当局负责以社区为基础的管理。因此该地的市政当局——以瑞吉欧·艾米利亚为例——掌管制定教育方向和负责监管的职责。

学习过程中的第三位伙伴

任何婴幼儿中心或学前学校的环境都被视为是学习过程中的一位伙伴。以时间和空间为中心的问题都非常重要，米兰多莫斯学院（Domus Academy of Milan）曾与瑞吉欧儿童开展了一个研究项目，结果一本名为《儿童、空间、关系：幼儿环境的元设计》（"Chilidren, Spaces, Relations: Metaproject for an Environment for Young Children"，Ceppi and Zini, 1998）的书诞生了。脱胎于马拉古奇关于环境之重要性的思想，新建的学前教育机构都是根据心中的一些理念而被设计出来，其中被问及的一个关键问题就是学校环境究竟能教给孩子们什么？在某些地方他们教育孩子们要保持安静，要将工作与游戏区分开来，只回答而不提出问题，要保证自己不捣乱，只能在该唱歌的时候唱歌，特别重要的是要按照成人们告诉他们的那样去做。你们也许在这样的学校就读过或工作过。然而瑞吉欧的学前教育机构却与之截然不同。它们是按照杜威、维果茨基和马拉古奇所表达出来的思想而设计的，他们认为幼小的孩子们是足智多谋、充满疑问、拥有能力、富有想象力、创造力并善于交流的存在。给这些孩子们提供的最好环境应该是这样的，即一种能够让孩子们提出自己的问题，追随自己的爱好，试验自己提出的理论，以及得以交谈和倾听，分享与参与，引导与跟随的丰富而复杂的环境。其主旨即所有的孩子都有享有那能够促进并支持其一百种及更多种语言的环境。

每个婴幼儿中心都有一个大厅入口，正如我们所说过的，这是一个对孩子们及其家长而言非常温馨的地方——是一个鼓励沟通的地方。同样地，它还通过向参观者们展示出整个婴幼儿中心的建筑平面图和组织结构图而表示出热烈的欢迎之情。这里还有关于教师们的信息，关于为家长们提供的会议或活动，以及关于这个城市的信息等。正如你们所知，孩子们从家庭来到婴幼儿中心的这个过渡被视为是其成为婴幼儿中心集体中之一份子的一个关键部分。大厅入口内外都是低矮的窗户，旁边还配有各种室内装饰品，以鼓励学步儿在此流连地观看鸟儿或与他们的朋友打招呼。透过这些低矮的窗户孩子们能够将婴幼儿中心内正在发生的事情尽收眼底，这里还有一个由帘子搭建出来的小空间，孩子们在里面可以玩"躲猫猫"之类的固定剧目，布鲁纳将这类游戏定义为是语言获得过程中的重要仪式。这是一个使孩子们融入婴幼儿中心里成为其一分子的地方，也是一个可供他们观察与倾听，使用问候与分别语言的地方，他们在这里欢迎朋友，观察事情的进展，互建信任，以及认识到这里来的新朋友。

接下来要谈到的是婴幼儿中心里的露天广场，其功能和精神内涵都是依据市里的市民广场复制而来的，即一处供人与人见面、交流思想、随意跑动、喝咖啡、参与社交活动及乐于开展社交活动的地方。这是婴幼儿中心中最具公共性的地方，这里轮番展览着孩子们所做或所说的作品，安放着一些大镜子，划出了一块表演区，并建有一个小的化妆游戏室（或小空间）。这既是一个孩子和成人可以各自互相邂逅的地方，也是一个成人们可以见到孩子们的地方。

婴幼儿中心的中心位置是一块开阔的庭院，它有时候被称为是一个没有天花板的房间。这就是一个介于室内与室外之间连接处的地方。冬天它就是一个内部花园，夏天则变成为一个孩子们可以自由出入的地方。

接着是工作坊，这是一个孩子们使用各种表达性语言来详尽阐述自己想法的工作坊。Atelier这个词可以被翻译为"studio"，但是更准确的意思不只是studio，它还含有实验室的意思。工作坊里可能会有一些专业设备和材料，但它在本质上还是作为婴幼儿中心的组成部分而存在的，同样地也是一个促进孩子们展开探究、调查和表现性活动，以及鼓励他们使用口语及其他语言的地方。在马拉古奇看来，工作坊是他最感兴趣的地方：

> 在我们看来，工作坊必须成为一项复杂的设计的组成部分，同时，是一个额外的供探索，或者说是更好地用个人的双手和大脑去探索，以及通过视觉艺术的实践来提升个人鉴赏力的空间。这里必须是一个可以感知自己的品味和美感的地方，是一个可供与学校中不同班级所设计的项目经历有关的个体展开探究性活动的地方。工作坊必须是一个可以从涂鸦中研究儿童的动机和理论的地方，是一个供孩子们探究工作时所需工具、技术和材料多样性的地方。它必须是一个能够有利于孩子们展开其富有逻辑性和创造性思路的地方，是一个能够使他们精通口头与非口头语言的相似和相异之处的地方。
>
> （Gandini, 2005: 7）

以上所引述的这段话充分展现了马拉古奇的非凡眼力，清晰地表达了他站在那些最幼小孩子的角度而形成的对儿童的看法，以使他们能够使用口头与非口头的语言去研究、探索和表达，当他们彼此在一起工作的时候，还能够经常在某些人的帮助下——如受过专业训练的驻校艺术教师，来促进与提升他们的技能。创建工作坊的目的就是提供一个专属空间，在这里孩子们可以遇到美丽、有趣和富有挑战性的事物来激发他们的想象力，也可以得到他们能够用来发展自己反应力和使用不同办法来利用的所有资源和工具。然而同样重要的是，它还可以帮助成人去理解孩子们在此处学习时的真实过程。在获得帮助和实际关注的条件下，孩子们变得能够自己来决定和选择所想要表现的东西和以什么方式来表现的问题了。用韦基的话来说就是，当孩子们使用他们自己的语言去交流的时候，它就帮助孩子们获得了认知的和象征的自由了。

教室独立于中心广场，并且可以直通那"没有天花板的房间"。所谓教室就是一些富有弹性的空间，里面配备有装饰精良的可供小组聚集的低矮平台，看片台和下拉的屏幕。每个教室都有一个小型工作坊，孩子们随时可以选择到这里来进行创造性活动。有些婴幼儿中心的教室里还有第三个小空间，这就是那块光线比较黯淡的安静区。即使是最幼小的孩子，他们也能够用黏土来搭建与构筑一些图形，能够借助光与暗来做游戏与试验。关于孩子们的故事，以及为孩子们而编的故事，都被展示在与他们的目光线水平相齐的地方，以方便他们阅读。

餐厅和厨房跟其他地方一样，都被视为是可以展开学习活动的地方。食物在瑞吉欧人的生活中扮演着重要的角色，把厨房设置在距离其他地方都很近的位置，就意味着孩子们可以选择到厨房去，与里面的员工交谈，把他们所看到的东西画下来，请求里面的员工为某个人的生日制作一个蛋糕等。餐厅里有为孩子们特制的小桌子和小椅子。这里除了在吃饭的时候可供人们进行社会性交流外，就再没有其他用途了。

在浴室里随处都有镜子，以及各种香气、音乐和织物，这些可以促使并鼓励幼儿在学习中充分调动起她们的各种感官。

储物空间的设计意图是激发和丰富孩子们的好奇心，创造力及交流。工作坊里摆有一些开放性的架子，允许孩子们从中自由选择自己想要使用的物品。意大利文化中的艺术所扮演的强劲角色在这些学前教育机构中都被展露无遗，在这里你们可以发现盛在透明器皿里，或挂在镜子上或镜子前的手工和人造材料，以提供多个视点去捕捉孩子们的注意力。居家风格也被囊括进来了——花瓶中插着真的鲜花，精致的盘子可供吃饭，还有印花桌布和装饰板材。当她们可以到婴幼儿中心来时，采取母乳喂养的母亲们会被热情地迎进来给她们的孩子哺乳。

马拉莫蒂婴幼儿中心及其创办原委的故事

朱莉亚·马拉莫蒂（Giulia Maramotti）是世界知名的女装设计师。2004年，为纪念马拉莫蒂而创立的马拉莫蒂基金会发起了一场竞赛，旨在设计与建造一所以其名字命名的新婴幼儿中心。这场竞赛对所有年龄在35岁以下的建筑师和工程师开放。受到当地现有高品质婴幼儿中心的启发，这次竞赛是为了鼓励当地的年轻专业人员为幼小的孩子们设计一个教育空间。整个项目是由保拉·卡瓦佐尼（Paola Cavazzoni）一手策划和记录的，她是一名教学协同研究人员。她说最终有两个年轻人在竞赛中脱颖而出，而他们之所以会赢得竞赛，是因为他们的设计充分表明他们对幼小儿童可以享受并从中获益的潜在体验给予了极大的关注。他们设计了一处朝户外开放的空间，里面有可以移动的工作坊，在冬天可以把它放到靠近中心的地方保护起来，而夏天则可以将其放置到更远的地方。在所提交的设计方案中，他们谈论了活动性（幼儿是如何自如地在空间里到处溜达的）、透明性（幼儿的一举一动如何轻易地在婴幼儿中心里看到或被看的）和可变性（空间是怎样被灵活使用的）的重要性。

其中一位名叫卡洛·马尔吉尼（Carlo Margini）的年轻艺术家，谈到了他们脑海中有一个想法就是如何实现持续变化性。他们渴望创造一个可以移动的空间，因为他们觉得日常变化是值得思考的，尽管他们尊重孩子们需要有一个熟悉而稳定的空间。

年轻的教师们，就像孩子们一样都是第一次来到这所学校，他们发现孩子们对这个婴幼儿中心都非常感兴趣。他们曾对其动工建造给予了关注，并通过翻看照片和图画来了解工期的进展。在这些照片中，有一些是从远景的视角来拍摄的，因此这栋建筑看起来就非常像是一个玩具。于是教师们买来了建筑设备，并请家长们也带一些自己所有的相关物件到婴幼儿中心加入到这一收集活动中来。教师们注意到孩子们都开始能够使用他们所接触到的那些建筑材料的专用术语。马吉尼评论道，从孩子们的视角来看，这栋建筑的结构就像是一个玩具。

我们此处所提到的是一所以一位著名设计师的名字命名的婴幼儿中心。在它附近就是乐舞（Choreia）婴幼儿中心，这是一所以希腊文命名的中心，意思就是"一支歌伴舞（asung dance）或一个合唱队齐声地唱（a choir singing in unison）"；另外一个就是奥泰洛·萨尔齐（Otello Sarzi）婴幼儿中心，是以一个当地的玩偶制作者兼动画片绘制者的名字命名的。你们会很高兴地发现其他学前学校也有用那些来自艺术领域的人物的名字命名的（如达·芬奇 Vinci、米开朗琪罗 Michelangelo、聂鲁达 Neruda、帕斯科利 Pascoli、但丁·阿利吉耶里 Dante Aligheri、安德森 Anderson）；有从最广泛意义上的政治领域中的人物的名字命名的（巴勃罗·聂鲁达 Pablo Neruda、萨尔瓦多·阿连德 Salvador Allende、安·弗兰克 Ann Frank、保罗·弗莱雷 Paolo Freire）；也有以自然界中的事物命名的（太阳 Sun 和彩虹 Rainbow）以及以小说命名的（格列佛 Gulliver、罗宾逊 Robinson、彼得·潘 Peter Pan）。这是一座不仅表现其本土文化，而且还表现更广泛的来自欧洲及其之外的文化的城市。

小结

本章我们详细而全面地考察了支撑那为婴儿和学步儿所设立的婴幼儿中心之发展的原则和价值观。这些婴幼儿中心虽然在学前学校之后才出现，但却是因该地妇女为其婴儿和学步儿争取给她们提供如其稍长的兄姊和朋友所享有的高质量教育权而兴起的。然而直到这些婴幼儿中心开始存在的时候，当地政府已经从监管学前学校发展的过程中获得了很多经验，于是，他们就能够从中采纳很多哲学理念融入婴幼儿中心的设计、人事、组织和原则之中,最为重要的是他们认为婴儿和学步儿天生具有好奇心和提出问题的能力,能够与别人沟通、观察别人的情感与动机。在接下来的这章,我们将在使幼儿能够成为其所在社区平等公民的意义上,转而关注早期教育的政治性问题。

CHAPTER NINE
Democracy and participation in early childhood education

第九章
幼儿教育中的民主与参与

教育要么就被当成一件工具那样起作用，即被用来促进幼年一代整合到现存系统的逻辑之中，并使他们变得顺从；要么它就变成自由的实践，借助它人们就可以既批判地又富有创造力地去处理现实，并发现参与到他们所在世界的改造活动之中的方法。

（出自保罗·弗莱雷首版《被压迫者教育学》中由理查德·肖尔所写的序言）

巴西哲学家、教育学家、激进思想家兼教师保罗·弗莱雷，虽然不太可能见过马拉古奇，但毫无疑问的是他们有很多共同点，其中最重要的就是对教育的目的应该是什么所持有的看法。他们俩都发现了这样的事实，即贫苦儿童世世代代地都是在教师以权威者和知识控制者的角色影响下被施教的，学生被视为是等着被"教育"的对象。孩子们需要去掌握一种既存的知识体系，他们的兴趣点和关注点都不在被考虑之列。孩子们被期待着以死记硬背的方式去学习，回答给他们提出的问题，不要去打扰教师，安静而顺从地去做交代给他们的事情，弗莱雷和马拉古奇都发现了这一点，并据此来部分地解释为什么世世代代的贫穷儿童及被压迫儿童在长大后依然贫穷和受压迫。如果你们的关注、需要、想法和兴趣从未被解决过，那么你们还何谈去批判地面对自己所生存于其中的这个世界呢？教育就是一种工具，借助它可以把年轻人整合到既有体系、现状、权力结构和社会分层的逻辑中去。弗莱雷和马拉古奇终生所致力的教育事业就是要把这些学习者从这种压迫状态中解放出来。弗莱雷所研究的领域是成人教育——反对给他们提供学会阅读与写作，提出质疑与发表意见，做出判断与决定机会的教育。由于他所开展的这项工作被视为对其所在国巴西构成了巨大威胁，因而他遭到流放而成为一名流亡者。尽管如此，他依然耗其毕生精力去发展他那对话式学习思想。在他看来，学习是通过平等主体间的对话而发生的，在这种学习情境下，学习者可以提出问题、表达想法、做出选择，以及养成批判与分析的技能。这种教育方式与传统的所谓储蓄式教育是针锋相对的，即教师因掌握了特定的知识，从而可以将其灌输到学习者这个空容器。诚如你们所知，马拉古奇所关注的是要鼓励那些最幼小的儿童平等地提出自己的疑问，以使他们能够表达出自己正在形成的观点、想法、观念、假设、评论和评价等。简而言之，他们两位都致力于改造社会。

作为伦理和政治实践空间的婴幼儿中心
(感谢达尔贝格和莫斯,2005: 1-2)

获得一些支撑性的哲学理念和一套价值观对于一个处于开放状态的教育系统而言是不可或缺的。我们已经就马拉古奇与弗莱雷视为其所构建的教育计划与体系之基石的价值观做了一些讨论。以下这些说法摘自由英国与其他地方一些学前教育机构所制作的小册子。把它们通读一遍,然后再思考一下你认为它们占主导地位的早期教育目的观是什么类型。例如,你们会认为这些占支配地位的目的似乎是衡量儿童的学业进步,对他们的行为进行控制,进行等值交换,还是出于对儿童将来所要成为的公民的一种考虑呢?或者是与所列这些都全然不同的另类目的?

由于孩子们在期终测试中都取得了优异的成绩,因此彩虹幼儿园申请入园的人数爆满。我们的测试结果都会向大家公布,以便家长们就能够做出明智的选择。很多孩子都能够从彩虹幼儿园直接升入到我们的两所连锁学校,他们在那里将会继续表现得很出色。

我们蓝色田野小学的学前班是为了给孩子们提供一个这样的空间,即他们能够使用所有可能的方式来表达其正在形成的想法、思想、观念和情感。托儿所一直以来都注重使孩子们通过游戏与按照自己兴趣的方式来学习。我们也尽力将这种教育方式在学前班里保持下去。在这个文化丰富多样的社区里,我们鼓励孩子们在熟练掌握英语的同时,还使用他们的第一语言或母语;不仅家长经常到这里来提供很多帮助,而且我们也带孩子们到户外去,融入当地社区和更广阔的地方去。

卡梅隆学校所关注的是物有所值。我们知道家长们会选择哪种托儿所来开启自己幼小孩子的教育生涯。我们保证孩子们在这里度过的时光都是有用的,他们每天都会有时间来集中学习阅读、写作与数学的技能。此外,每天还会强化学习字母拼读法。所有的孩子都会按能力进行分组。我们会经常给他们组织测试,并会将其学业进步情况及时告知家长。在最近的一次评估中我们被评为优秀托儿所。

虽然他们也许因为贫穷、驱逐、歧视或其他原因而经受着困难的家庭生活,但马蒂芭中心对我们大多数孩子而言是一个安全的地方。我们的目标就是去创造一个使每个孩子及其家庭都受到尊重的环境。我们与本中心孩子们的家庭都建立了密切联系,只要他们愿意,家庭成员们都会被我们邀请过来参与教育活动。尽管资源有限,但我们善于并有充足的经验去找到利用自然的和人造的材料的方法,孩子们可以通过使用这些材料来表达自己的思想和想法。

你们会对以上每种说法做出什么样的判断呢?你们可能感到有些说法是很容易做出判断的,其他的则没这么容易,但还是希望你们已经发现了它们之间的——尽其可能细微的——区别。

达尔贝格和莫斯(2005)坚持认为我们的社会,就像美国,都是被特定的价值观念所操控的,如个人选择、竞争、必然性和普遍性。这些价值观念似乎越来越适用于更大范围的发达国家。很多国家正在接受这些价值观的话语方式——诸如成功与失败,最好与最坏,市场以及物有所值等术语。这不仅可以被看作英语语言的全球化,而且可以被看作英美话语的全球化。还有一种流行甚广的观念就是别无选择。在这种观念看来,所有家长都想为他们自己的孩子而不是其他人的孩子提供最好的是理所当然的事情。对他们而言，所谓最好的就是学业有成，他们被告知，同时也相信，学业有成是通过早期严格教育而不是早期广泛体验和学习而能获得的。他们被告知，同时也相信，只有当自己的孩子与其他能力相当的孩子在一起学习的时候，才能够做到最好，因为据他人声称，多样性有使人弱智化的风险。没那么有天分的孩子由于需要采取不同的教育方式或得到更多的帮助，这样无疑就会使自己的孩子失去某些东西。拥有个性将会备受赞誉。把孩子们设定到一个社会环境中的做法是毫无意义的。这是一种反国家、反福利、新自由主义的立场，我应该提倡它还是挑战它，完全得由你们来决定。

为民主实践而努力

诚如你们所知，马拉古奇笃信学前学校和婴幼儿中心应该被作为是能够切实开展民主实践的地方。他的整个教育哲学是建立在他的这个决心之上的，即被教育的儿童应该以具有独立思维能力、满怀疑问、关心公众事物并善于交流的社会成员身份出现。他一开始，并一直采取一种社会-历史的和文化的教育观。我们都知道，他在提倡这种哲学理念并设法说服市镇及其几任市长和行政机构分别从哲学与资金方面支持其理念上都产生了实际效力。其结果就是在瑞吉欧·艾米利亚建成了闻名于世的学前教育体系。关于他的信息于是慢慢地流传开来——首先是流传到艾米利亚罗马格纳地区的其他镇，然后就是流传到意大利更远的地方。

例如，在托斯卡纳区（Tuscany）南部的偏远地区，我们发现了另外一个学前学校体系，虽然在名声和影响范围上不及瑞吉欧，但却是基于相似的理念，合理地发展或采取符合每个城市或小镇特定历史和环境的方式而建立起来的。在皮斯托亚（Pistoia）这个小城市里，不仅有为幼小儿童提供的婴幼儿中心与为3—6岁儿童提供的学前学校，而且还为孩子们及其家庭提供了许多各种各样的附加设施。与瑞吉欧一样，皮斯托亚已经在实施并形成了一种强大的行政管理责任观，以创造各种方式方法提高家庭参与到教育服务中来的积极性。它开创了一个多元化的服务和资源体系，以为这个城市的世世代代和各个社区提供援手，与大家一起讨论儿童的需要及怎样去满足他们的需要，同时还讨论如何将所有这一切融合起来形成一种积极的童年观。与瑞吉欧一样，并深受马拉古奇思想的影响，皮斯托亚使得每个婴幼儿中心都成了一个培养富有疑问、思想、理性和表现力的未来公民的可能场所。

他们的体系中包括传统的幼儿中心，家长／儿童学前学校项目，课余拓展课程，以及儿童区（AreaBambini），这是一些带有诸如故事讲述与口述传统、自然与环境、电脑与技术，以及视觉艺术与手工等这些专门开辟区域的工作坊。（Galardini、Giovannini and Iozelli, 1999）

皮斯托亚，靠近佛罗伦萨（Florence），是一个农业和工业中心，同时也是省府所在地。它的主要工业包括城市公交车与地铁建造业，从1960年到1994年这些工业产品都出口到美国。近些年来，这座城市的经济一直都在通过将植物与鲜花种植产品出口到整个欧洲，以及发展皮革、金属制品、玻璃、纺织品和鞋类等制造业而得以培育。它也临近普拉托（Prato），这是一座以当地布料生产和服装产业而闻名的城市。然而，不幸的是，随着中国在该产业中影响力的增大，这里的产业正在逐渐衰退。皮斯托亚这座城市于十二至十三世纪开始声名鹊起，该地居民对其建筑物和雕塑做出了重要贡献。它与瑞吉欧·艾米利亚既有很多相似之处，又有很多独特之处。在意大利很多地区的学前教育服务中，最伟大的事情之一就是其对当地需求、历史、人民等所怀有的敏感之心。

一些解说性的案例研究

我们将首先来考察皮斯托亚市里的一所学前学校，以寻找其作为民主实践地的证据。拉-菲拉斯托卡（La Filastrocca）创办于1970年，起初名为福纳西（Fornaci），意即"火炉"或"窑"，是其所处地方邻近地区的名称，因为这里有一个规模很大的砖厂。这里是皮斯托亚市中一个外来居民比较密集的地区，这些外来人口有些是来自意大利的其他省市，有些是移民，并且他们中有很多人都是相对弱势和贫困的，因谋生而来到了这个小镇。有些人讲的语言非意大利语；有些人则需要这方面的特别帮助，即关于掌握并传授给孩子们获取教育与经济进步所需的技能。

福纳西在1990年被整体地修葺一新和扩建，并更名为拉-菲拉斯托卡，意思就是"童谣"。你们也许还记得瑞吉欧·艾米利亚的很多婴幼儿中心都是以哲学家、思想家、艺术家、艺术领域的名人或政治领域那些力图改善人民生活的名人的名字来命名的。在福纳西，教师们则邀请所有那些在该中心改建之前就已入学的孩子们来一起为这所翻新后的学校重新命名建言献策。最终拉-菲拉斯托卡成为最受欢迎的名称，同时一幅马戈（Mago）的画像，马戈是一位魔术师，被选作为这个托儿所的象征。

拉-菲拉斯托卡选定了一种植根于社群价值观、尊重过去又憧憬美好未来的哲学理念。对他们的教育事业而言家庭是至关重要的，同时教职员工也力图吸纳所有成人来参与其中并做出贡献——吸纳教师、家长和社区成员们一起来创造并朝着一个共同的方向去使学校成为一个真实的学习共同体。这是一个重视发掘传统并尊重祖辈的故事的共同体。莱拉·甘迪尼（Lella Gandini），曾描述过关于皮斯托亚市的学前教育服务，她提出托斯卡纳区的这个地方是以其讲故事的传统而闻名的［这里离卡洛·科洛迪（Carlo Collodi）为孩子们写作那本经典童话《木偶奇遇记》"Pinocchio"的地方不远］，并且这里依然还是一个致力于创作儿童文学和童话故事的地方。在这个婴幼儿中心创办初期，教师们就开始给孩子们讲故事，以复兴那古老的讲故事传统。后来教师们又把单纯的讲故事拓展为包括创作并分享故事、协商、角色扮演等过程在内的丰富活动。拉-菲拉斯托卡于是"分娩"出一种口述故事、表演、创作与叙述故事、协商、阅读以及写作的文化。这样他们就吸收并展示了对别人的技能、经历和知识的尊重。

你们也许还记得瑞吉欧·艾米利亚的学前教育主要是以工作坊为基础的。虽然在某些方面存在很大的相似性，然而试验室体系的发展却表现出很大的地方性，这一实验室体系不仅在所有的学校中都被发现了，而且我们还将在下文讨论其替代形式。例如，拉-菲拉斯托卡有其自己的阅读实验室，并且持续20多年积极开展实验。这个阅读实验室名为翻阅彩虹，该实验室所接纳的对象包括所有的孩子及其识字的家庭成员，同时还为其提供借阅服务。与瑞吉欧的工作坊一样，这些实验室也被开设在学校内，拥有良好的资源，每个实验室都有其关注的侧重点。例如这些侧重关注的领域就包括促进孩子们参与到假装游戏和虚幻世界中去的，为游戏提供道具的，有助于孩子们去展开探索和有助于他们去排演一幕戏剧的，以及促使孩子们用另一种方式来观察、言说和写作的等。

儿童区就是皮斯托亚市里一些专为婴儿和儿童（年龄在3—12岁）开辟的可探索游戏与空间的区域，其开放时间为上午或下午，在这里他们可以跟其他婴儿和儿童碰面。家长们也在这里相互见面，在见面现场通常还有一位有资质的成年人来帮助他们处理教育上的或其他方面的问题。这些区域被划分为四种颜色——黄色、蓝色、绿色和红色——每种颜色的区域里都有相应的实验室。黄色的儿童区被称为 **Di Bocca in Bocca**（意即口口相传），是一个讲故事和角色扮演的专区：实质上就是讲故事。在绿色的儿童区，孩子们可以探索自然世界，还能够亲自种植某些植物，照料动物，并使用地里长出来的农产品。红色儿童区更着重于采用图示法，着眼于同时采取新、老办法来画画。

还有专为0—18个月婴儿开辟的小空间（Spazio Piccolissimi），里面除了可以容纳这些婴儿外，还允许一位家长或看护者陪同自己的孩子进来，因此当孩子们在这些特殊的专属空间里玩耍的时候，家长们就可以边照看他们边与其他家长交流想法和意见了。这些空间只在工作日的上午开放，并且还需要预定。对于那些年龄在18个月至3岁尚未进婴幼儿中心的婴幼儿来说，他们可以到"熊之家"（Le Case Degli Orsi）来玩，这里每周为每个孩子开放两天，上午或下午过来都行。

这里还有一个为婴儿和年龄稍大儿童而开设的专门图书馆，之所以开设这个图书馆是基于这样一种认识，即书籍可以作为行动者而参与到儿童与他者——朋友和同伴、年龄稍大儿童、父母、祖父母以及其他成人的对话中。通过这些对话孩子们就可以遇到、探索甚至创造出那可能的世界。

放眼北望

诚如你们所知，瑞吉欧·艾米利亚是没有课程设置的。近年来英国的早期课程设置达到了128页，与之相比，挪威关于早期教育的课程设置是34页。英国的课程设置是指定性的，并与很多早期学习目标挂钩。课程设置的内容都是一些对教师发出的指令，指明了所需注意的发展时间表。从中可以看到的就是一些对技术员的指导性文字，而不是一份被设计出来由训练有素并备受尊敬的专家进行解说的原则性文档。这样的课程设计中没有出现过民主这样的字眼，然而在挪威的课程设置中却提到幼儿园的作用就是要为积极参与民主社会奠定基础。瑞典的课程设置也与此呼应，阐明是民主构成了幼儿园的基础，同时还规定所有活动的开展都应该与相关的民主价值观一致。冰岛的学前课程设置也认为在所有学前教育的原则性目标中,有一个就是要使孩子们成为有主见、有思想、积极活跃和有责任感的公民,能够在一个民主社会中生活和发展。

彼得·莫斯,在他那篇具有重大影响的论文《把政治带进幼儿园来》("Bringing Politics into the Nursery", 2007)中,讲述了他曾参观过一个在早期教育方面颇富经验的意大利城市,主管该市早期教育事业的领导者将他们的项目——一项开展了30年之久的项目——描述为是一个"童年的本土文化项目"("a local cultural project of childhood")。这是一句只有被拆开来读才能被充分理解的话。通过对莫斯的思想进行充分解读,我认为这句话的意思,即当政治义务与教育义务联合到一起时所发生的事情,而所谓的教育义务就是指那些愿意为了对社区中所有孩子及其教育负责而参与到真正的集体决策中来的人所承担的义务。这就意味着人们不仅必须去思考这儿应该有什么样的幼儿园的问题,而且还必须思考在幼儿园中会发生些什么的问题。为了顺利地解决这些问题,那些做决定的人(家长、教师、工会会员、工人、社区成员、当地政府人员等)都必须真正地去了解幼儿园里所发生的事情,这样他们才能够在相互帮助的状态下以及达成共识的条款范围内,来对其做出评价。

民主实践的一个重要特征就是纪录,我们已经自始至终地在本书中讨论了这个问题。奥尤埃洛斯(Hoyuelos, 2004)提醒我们这是马拉古奇的关键原则之一,隐藏在其背后的就是那透明的学校(transparent school)的理念。在这种学校里,教师和其他人一起亲密地提供材料并分享所发生的事情,民主在这里被真正地践行了,这使得学校里所发生的事情都可以被所有人看到。值得提醒的是,我们所谈到的纪录不仅仅是关于某个孩子的观察报告——不是想要去衡量一个孩子能或不能做什么。这是一种重要的研究与教学工具,是用来展示孩子们正在做的事情和已经说过的话,以及那些与他们相互交流的人和事。

这样就可以了?

对于所有的学前学校或学前机构来说在其内部实行民主化是非常好的。无疑地,任何能够使家长和社区里的人参与进来以及能保证儿童的声音不仅被听到而且还被关注到的地方,都会做一些能确保那些孩子们在成长过程中感受到其社区成员身份的事。然而关于这样是否就可以了的问题是很重要的。借鉴布朗芬布伦纳的观点来看,我们只能说这仅仅构成了民主的微观层面,如果我们想实现真正的和广泛的社会变革,那么就必须超越这一微观层面。

我们已经看到了瑞吉欧以及后来意大利的其他地方,在中央政府不曾尽责地为幼儿及其家庭提供服务的情况下,地方行政当局是如何在认识到提供优质的学前教育,不仅是正常的和伦理上的心声,而且还具有经济价值后,开始决心支持一系列昂贵的举措的。想要找到一个中央政府,连同其地方政府,都很细心地考虑到这个问题的国家,并不困难。当你们阅读以下文字的时候,一定要记住这个地方是深受马拉古奇及其追随者思想影响的。这些文字来源于苏格兰政府(the Scottish Government)于2008年制定的早期教育框架(Early Years Framework)。当你们在阅读这些文字的时候,要设法找到这些东西,即促使你们深刻地明了一个国家需要做些什么,以通过使每个人从早年开始就完全而积极地成为自己所在社区公民的方式,来改变其社会结构。以下内容中的字体加粗的部分是我自认为很重要的内容。

这个(框架)为从一种新的视角来看待早期教育奠定了基础,它反映了苏格兰政府及其地方政府对早期教育所抱有的雄心壮志。

这个视角确立了**一种新的早期教育概念**——儿童应该受到尊重并应将其作为社区成员来对待；与家长和照料者建立起稳固而敏感的关系的重要性；有权利过一种高品质的生活，能够自由玩耍；需要把孩子放在服务交付的中心；当孩子们需要的时候，要通过普及服务来为他们提供更多的帮助；在无关于种族、残疾或社会背景的情况下，孩子们应该能够取得积极的成果。

家长与社区在儿童的生活境遇中扮演着至关重要的角色。这种角色不仅需要家长和社区自己给予重视，而且还需要得到社区规划过程的帮助。这种看法也强调了在表达这个框架的雄心壮志时，由一个受到尊重且拥有相应资质的职业群体来交付这高质量、灵活而富有吸引力的服务的重要性。

将这种新视角付诸行动

这些雄心壮志不是通过惯常方法就可以达成。转换性的变革势在必行，它具体包括以下十个方面的基本组成部分：

- 一种一以贯之的方法。
- 帮助儿童、家庭和社区去保护自己的成果。
- 通过早期教育来打破贫困、不平等和不良后果的循环。
- 关注儿童、家庭和社区的支持与赋权。
- 把质量放在服务提供的中心。
- 使所提供的服务满足儿童和家庭的需求。
- 通过游戏来改善成果与孩子们的生活质量。
- 简化和精细化服务交付。

- 更有效地合作。
- 使用普及服务的力量去给予预防和早期干预。

　　（http://www.scotland.gov.uk/Resource/Doc/257007/0076309.pdf）

　　这是一个好的开始，无疑地，它使用了在思考民主实践这个问题时会产生的一些观点。然而，在我看来，它还是在很大程度上偏狭地使用了一些关于竞争、个人成绩和市场方面的语言。

　　莫斯（2007）告诉我们，只有当公民们参加到这四种关键性的活动当中来时，才能保证民主实践落到了实处。

　　1. 要就学前学校、婴幼儿中心、日间育儿园或幼儿教育机构的目的、实践与环境做出决策。

　　2. 要能够通过参与式的方式来对这些机构中所开展的教学工作进行评价，这些方式包括诸如纪录、参与商议、参加学校活动、加入讨论、提供意见，及所提意见受到重视并被采纳等。

　　3. 对强势话语提出质疑，即挑战公认的观点或做事情的方法、市场性的语言，以及使用诸如测试、按能力分组等检测个人成绩的方法。

　　4. 最后，要使变化得以发生。例如，瑞吉欧幼儿的教育与照管权就是从天主教会的控制中挣脱而来的。尽管外界为了获取更多以结果为中心的幼儿表现而试图想要它们放弃这种开放式的路径，但在英国的许多幼儿教育机构里，实践者们仍极尽努力地去保证幼儿能够通过遵循自己的兴趣而学习。

小结

　　这是一本着眼于洛里斯·马拉古奇之思想与影响的书。我们已经考察了他思想的根源，他早年生活中所发生的事情对其所产生的影响，以及他所提出并发展的关于儿童、童年、教学法和能力等方面的哲学理念。我们已经看到了他是如此努力地致力于使当地政客们开始理解他力图做的事情，并进而为其提供帮助直至其终老乃至今日。我们也考察了他的思想是如何传播开来的，有时是成功地（由于其他地方政府意识到需要为幼儿提供最高质量的教育与照管，并找到了这样做的方法），有时则不尽然，因为世界上有些地方认为只需要将自己的学校立基于瑞吉欧的课程体系，并鼓励孩子们创作出漂亮的画作，就足矣。

　　写作这本书的目的就是帮助你们辨识究竟什么才是马拉古奇的方法，即允许那看起来令人不可思议的学前学校发展、成长并扩大，从而使得现在有很多幼儿能受益于提出自己的问题，发展并改变自己的理论，与别人分享自己的想法和观点，以及知道变得富有批判性不仅是可以被接受的而且还是可取的。同时，还有许多成人能够将自己的角色视为是复杂、错综多样、交互作用、动态乃至不断变化的一系列学习活动中的教师、研究者、纪录者和伙伴。

结　语

难道还有比用马拉古奇自己的话来作为本书结语更好的办法？我是在网上找到这段话的，并思考着以此为结尾是否恰当。在我看来，这段话概括了马拉古奇那令人备受尊崇的教与学的方法：

> 教师们——就像儿童与其他每个人一样——都感觉到有必要去提升自己的能力；他们想把经验转化为思想，把思想转化为反思，并将反思又转化为新的思想和新的行动。他们还感觉到有必要去做预测，去尝试新的事物，以及去对他们做出解释……教师们必须学会对正在展开的过程做出解释，而不是等待着对结果做出评价。
>
> （Edwards *et al.*, 2011: 48-9）

术语表

公共场所（A public place）：马拉古奇在谈到学前学校时会称其为公共场所，以通过这个称呼来意指这些学校都是根源于社区及其社区文化的。

高质量的地方（A quality place）：这是马拉古奇使用的另一个术语，使用这个术语为了提醒人们每个孩子所去到的将在那度过其人生很大一部分时光的地方应该是这样的——它既是一个为满足成人需要而被设计得富有吸引力、整洁、温馨而敏感的地方，同时也是一个展览着出自于儿童文化的物品的地方。

积极倾听（Active listening）：一个人为了充分理解说话者所感兴趣的、所关注的、所提出问题的、形成理论的或表达的事物是什么，而认真地去关注说话者的所言和所行是什么的倾听。

疏远（Alienation）：意指不被包括在内，使其感到与众不同，有时在某些方面还使其有自卑或被排斥感。这是一种令人感到难受的经历。

亲切的学校（Amialbe school）：一个使儿童和成人都在那里感到很开心的地方。

工作坊（Atelier）：这是一个法语词汇，相当于"studio"，但是瑞吉欧却用其指称一个工作室（workshop）或实验室（laboratory）；这是一个可供探索发现、做试验、用各种方式来表现与再表现想法以及开展研究的地方。在每所学前学校中都有一个。

驻校艺术教师（Atelierista）：驻校艺术教师是在学前学校里工作，主要负责工作坊事务的教师。虽然后来并非如此，但驻校艺术教师最初都是拥有某种艺术资质的。她们与教师们一起，与孩子们合作共事，并在推动项目发展、帮助孩子们获得重要技能以及为孩子们提供支撑这些技能的技术性词汇等方面扮演着重要角色。她们还深入地同时参与到文档编制与研究的具体工作中，在专业发展方面发挥着重要影响。

平庸（Banality）：意指普通，没有什么意义或意思的。相当于mundane。

储蓄式教育（Banking education）：一种由教师掌控着知识和权力，而学习者被视为是一个空容器或一块被书写的白板的教育。

粘结（Bonding）：用来描述一种亲密关系的术语，尤其被用来描述母子关系以外的亲密关系。

界限（Boundaries）：意即介于一个事物与另一个事物之间的线，这条线可以仅指概念上的。因此在事实与虚构或艺术与科学之间也许存在一条界线。

中产阶级（Bourgeoisie）：照字面意思来看，这个词的意思就是the middle class。

儿童之家（Casa dei bambini）：其字面意思就是婴儿（或幼儿）的家（the house of babies）。

儿童的理论（Children's theories）：儿童，即使是年龄最小的，都会对自己所处环境中之事物、人和事件发展出理论，并通过他们自己的疑问、绘画、对话或任何其他方式而表达出来。为了发现这些理论，认真倾听和严肃地对待它们是很重要的。当孩子们们相互交流和学习的时候，他们就会证实、改变或抛弃这些理论，以形成更恰当与更成熟的理论。

历时系统（Chronosystem）：这是布朗芬布伦纳所提出来的环境层次中的一种，它与时间有关。

认知冲突（Cognitive conflict）：思想、意见、价值或原则上的冲突。

斗志旺盛的（Combative）：意即坚持或为某事而斗，也许是你所珍视或相信的某事。

共产主义（Communism）：建立在这样一种概念上的政治哲学，即一个公平的社会就是人们享有平等的权利、享有一种平等的发言权以及共同掌控生产资料的社会。

背景（Context）：意思就是某件事情发生的不仅仅包括地点在内的更广泛的信息。背景的具体内容包括当事人、思想、价值和原则等。它与文化紧密相连，并且在马拉古奇及其同事的工作中极其重要。

评论（Critique）：瑞吉欧学校的孩子们能够做的事情之一就是会评论他们自己以及别人的作品。具备做出判断的能力是非常重要，在英国的学前学校中的幼儿当然很少能够获得发展这种能力的机会。

文化层级（Cultural layers）：任何孩子都是生于一种文化中的，起初关系最紧密的就是家庭。家庭之外则是其他的文化层级。这种思想在布朗芬布伦纳的著作中被阐述得很清楚。

文化（Culture）：这个词有很多种含义和很多的意义层级。其最简单的意思就是所有在社会上传递下来的行为模式、人工制品、物体、信念、组织以及人类实践和思想的其他产物。

文化霸权（Cultural hegemony）：葛兰西关于如何通过挑战那已得到普遍认可的做事方式来改造社会的思想。

去自我中心（Decentre）：从其他人的视角来领会事物的能力。皮亚杰认为幼儿还不具备这种能力，然而在事实上他们是具备这种能力的，因为我们经常可以看到某个幼儿去安慰另外一个情绪低落者。这样做就意味着该孩子能够设身处地地为别人着想。

民主（Democracy）：借助这种管理系统所有的人都享有投票权，并且在这种系统内部所有事情的运作方式都是公开而透明的。

民主的（Democratic）：一种寻求使每个人都拥有平等发言权的系统。当然，这种系统并不总是能完美运作的。

民主教育（Democratic education）：一种学生和员工都能通过类似于学校委员会之类的体系而平等地参与决策制定的体系。你们会注意到该定义中自然而然地就把其他利益相关者（如家长）也包括进来了。

对话式教育（Dialogic education）：这是这样一种教育，即儿童或其他学习者不被视为是知识的被传授者，而是被视为能够主动生产意义、提出问题、发展理论和交流思想的主体。

纪录（Documentation）：在瑞吉欧，这比简单地记录事情要富有更丰富的内涵，因为它是整个教育事业之非常重要的组成部分，纪录的过程即教师们为了对学习和发展产生影响而收集那些需要被考虑和分析的证据的过程。

纪录者（Documenter）：意即纪实性地把自己所看到和听到的事情描述下来的人。在瑞吉欧，教师、教学协同研究人员和驻校艺术教师都是纪录者。

二人组合（Dyad）：两人一组。

外系统（Exosystem）：儿童没有直接地参与其中，但是却会受到某种影响的更广阔的环境。比如父母的工作地点，因为如果母亲必须在非正常工作时间去工作的话，儿童就会受到影响；或者当父亲失业，或把不好的情绪带回家时，儿童也会受到影响。

表达性语言（Expressive language）：这些都是儿童的一百种语言——即他们可以借此表达自己情感的方式。这些方式可以包括戏剧、角色扮演、化妆表演、绘画、素描、舞蹈、创作、歌唱等。

法西斯主义（Fascism）：倡导某个团体具有绝对优越性的极右翼团体。最极端的例子就是德国的纳粹党和意大利的墨索里尼法西斯党。然而这种团体仍然在整个欧洲及其以外地区的许多极端团体中呈增长态势。

乐此不疲（Fatigue and joy）：这是一个日常用语，用来描述能够表现出强有力的学习体验的极端情绪。

灵活的（Flexible）：同样也是一个日常用语，意指一个虽然不刻板或被预订的，但却允许教师们在这种情况下，追随儿童的引导的体系。

追随者（Follower）：教师，作为追随者，即允许每个儿童去发展一种独特的或共有的对某事物的兴趣，以及在记录所发生的事情并通过提供帮助、资源或建议等来对其做出回应的意义上其追随每个儿童。

形成性经历（Formative experience）：一种能对某人的发展发挥塑造性影响的经历。对我而言，一种形成性经历就是当我还是小孩子的时候在医院里只能通过学会阅读来打发时间。

公共集会场（Forum）：在罗马社会里这是一种传统上的聚会场所，从很多方面来看，它现在依然是。布鲁纳用这个术语来描述思想上和观点上的交流是如何使参与者们实现文化的创造与改变的。

社会管理（Gestione sociale）：这是一个意大利词组，意即"social management"，在瑞吉欧这个词是被用来解释致力于保证所有利益相关者都能够在学前儿童的学习与发展管理问题上享有发言权。

交由儿童控制（Hand control to the children）：正如其所说。意思是指教师们只在一旁观察和倾听，并追随儿童的引导。听起来虽然容易，但做起来却很难，这就意味着要给予儿童足够的信任以使他们能够管控好自己。

霸权（Hegemony）：意指领导权或权力运用被某一个团体完全操纵，无人可以与之匹敌。

同质性方法（Homogeneous methods）：这些方法在很大程度上彼此具有相似性。

一百种语言（Hundred languages）：马拉古奇用来描述那些从表面上看来是无限多样的方法，人们可以用其来表达自己的疑问、想法、情感和思想。我用这个术语来描述当教师们在关注孩子们说了些什么等之类事情的时候所做出的回应。

意识形态的（Ideological）：信仰某件事；持有一种思想意识。

意识形态斗争（Ideological struggle）：意指在相互矛盾的思想或观念，体系或实践之间做选择。

包容性集体（Inclusive community）：一个包容性集体就是那种保证其每个成员都享有平等发言权的集体。

发起者（Initiator）：启动或发起某事的人。

目的性参与（Intent participation）：这个术语被用来指某人真正事无巨细地参与到了所发生事情的过程中。它可以被运用到新生儿、儿童和成人身上。

目的（Intention）：最宽泛意义上的一个目标（goal）或目的（aim）。它并不被真正用来涵盖那些如能够从一张列表中勾出确定性选项之类的目的。这种目的需要有某种意识形态基础。

人际的（Interpersonal）：它的意思正如其所言——人们之间的。因此它关涉到你们所能想象到的几乎每一种两个人或更多人之间的见面。

人际认知结构（Interpersonal cognitive constructions）：这是一种用来描述个体在解决问题或通过与某人产生分歧而得出结论时所发生的事情的非常冗长的方式。

解释者（Interpreter）：这是一个日常用语，被用来指弄明白某事物之意思的人。

内心的（Intrapersonal）："intra"的意思就是"在……里面（within）"，因此这个术语是用来描述个体头脑中或自我意识中所发生的事情。

合办事业（Joint enterprise）：由两人或更多人在同一主题或项目上协同工作。

融入（L'inserimento）：这是一个意大利词，用以描述落实到位的以欢迎孩子及其家长到学前学校来而做的所有事情。它具有比仅只表示"欢迎"（welcome）更丰富的内涵。

实验室（Laboratori）：这是意大利语中相当于"workshop"或"laboratory"的一个词，主要是在皮斯托亚市及其他斯托卡语城市被使用，指设在学前学校中被划定出来的研究型区域。

自由放任（Laissez-faire）：这个词被用来描述处理经济问题的方式，意即任何人都可以处于其中不受什么限制的情境。

重大问题（Large issues）：用来表明像生命与死亡，恐惧与担忧这类事情，以及难以讨论或分享之问题的术语。

生气勃勃的（Liveable）：马拉古奇希望学校都变得生气勃勃起来，意指友好的、温馨的、包容的和不具威胁性的。

宏系统（Macrosystem）：布朗芬布伦纳所提出的文化层级之一，这很可能是文化层级中的最外层，由文化价值观、习俗和法律组成。

边缘化（Marginalisation）：边缘化即个体所给予的感觉就是不属于

该团体而徘徊于其边缘。

零售货摊（Market stalls）：马拉古奇用来指我们可能会称之为活动区的术语——类似娃娃角、积木区等之类的东西。

生产工具（Means of production）：生产工具是一个与工作或劳动有关的马克思主义理论中的术语。

中间系统（Mesosystem）：这是布朗芬布伦纳文化层级中第二个最亲密的层级——仅跟于家庭之后，用以描述家庭与其他诸如学校、宗教信仰和邻里关系之类事物的交叉区域。

捣腾（Messing about）：孩子们在寻求意义的时候所做的事情。我们可以称其为游戏。

微系统（Microsystem）：这是布朗芬布伦纳文化层级中最亲密的系统，它由家庭、学校和邻里关系组成。

多元符号的（Multi-symbolic）：使用了不仅一种符号的地方。例如，在剧院，你们可能会发现表演、舞蹈、音乐、绘画、创作等。

市政当局（Municipality）：相当于我们的地方政府。

讲述（Narrative）：为了理解或与别人分享而编一个故事。

新自由主义（Neoliberalist）：一个贬义词，字面意思即"new liberal"，但此处使用这个概念是为了表明一个试图确保有钱和有权者仍富而使穷者仍穷的体系。

婴幼儿中心（Nido）：这是一个意大利词，从字面上来说，即"巢"（nest），但是此处用来指婴幼儿中心（the centres of infants and toddlers）。

非口头语言（Noe-verbal languages）：诸如姿势、面部表情、语调等之类的事物。

观察者（Observer）：在倾听、关注和思考所见或所做过的事情，并对其进行记录、分享和再次关注的意义上来进行观察的人。

语言谱系（Palette of languages）：对于马拉古奇的一百种语言的一个隐喻。

参与（Partecipazione）：意大利语中相当于"participation"的词，但在现实中它比我们习惯用其来指称的那种家长参与具有更丰富的内涵。此处它特指一种思想、观点和专业知识上的真正的、表示尊重的和平等的交流。这是一种双向的而非自上而下的过程。

教学法（Pedagogy）：一个在欧洲广为应用的词，然而此处却仅指艺术或科学上的教学工作。

倾听教学法（Pedagogy of listening）：马拉古奇的哲学基石之一，这个词组的意思即为了保证所有的教与学都立基于观察、记录、分析、讨论、做出改变以及重新开启这个循环等而做的工作。

关系教学法（Pedagogy of relationship）：另一个马拉古奇的哲学基石，这个词组意指为确保所有学习都建立在儿童与儿童，成人与成人，成人与儿童之间互动基础上而绝对必须做的事情。不止于此，它还意指所有的教与学都被置于这样的情境中，即将孩子视为是处于家庭中，带有特定历史、感情依附、文化、语言和关系的个体。

学习期（Phase of learning）：这是一个特定术语，专门用来描绘"二战"后瑞吉欧所发生的事情，此时当地人们被表述为是在实践中进行学习。

政治的（Political）：主要用来说明政府方面的理由。

政治实践（Political practice）：使每个参与进来的人都能拥有发言权。这取决于参与者既要使自己的发言具有批判性，同时又要能够接受别人的批判。

所有格代词（Possessive pronoun）："我们的"（our）这个词，表明了物主身份或所有权。

潜能（Potential）：可能意义上的能力。

权力关系（Power relationships）：葛兰西对此很感兴趣，并对此有所论述。之所以认为它对马拉古奇的思想产生了影响，是因为它在很大程度上解释了"二战"末期在很多地方所发生的事情。权力被掌握在富裕者和天主教会的手中，这就意味着工人、农民没有任何权力或没有获得权力的渠道。

实用的（Pragmatic）：意指非常接近实际的事物，强调了通过实践而不仅仅是通过获取理论或教条而进行学习的重要性。

设计（Progettazione）：这是意大利语中相当于项目（project）的词，但它的意思却是指比在这里或美国所谓的"基于项目的教育"（project-based education）要更复杂和更长期的事物。根据安娜玛丽亚·穆奇（Annamaria Mucchi）的说法，动词progettare意即去设计、去计划、去策划或去规划（在技术工程学的意义上）。名词progettazione，在教育情境和瑞吉欧中，与programmazione的意思相反，它被用来讨论一种预定的课程、方案（programme）、阶段或学习与发展。因此progettazione更具综合性和灵活性，考虑到了工作处于进展状态时，最初的假设是如何使教育的所有方面都以变化为准的。我想这就很清楚地表明了它（progettazione）与项目本身（project per se）之间所存在的差异了。

主角（Protagonists）：发挥了一部分作用的人。

瑞吉欧·迪露奇（Raggio di Luce）：字面上的意思就是"光线"（ray of light），而在此处是指为国际中心里的工作坊而取的名字。它以科学为主题。

表现（Represent）：用个人所选择的方式去表达自己的观点、想法、疑惑或理论。

再表现（Re-represent）：已经表现出了你们的情感、想法或观点后，你们会选择再次表现它们或再表现它们。这样做可以加强和巩固你们的学习。

理性与感性（Reason and emotion）：有时候它们会被认为是两个矛盾的方法，然而此处它们则被视为是学习中重要而有助益的两个方面。

相互尊重（Reciprocal respect）：被视为是学习中的重要组成部分，意指成人与儿童是何等地彼此尊重对方的观点和情感的。

研究（Research）：收集证据以支持某个理论或去创造一种新理论的过程。

反抗（Resistance）：在本书中，resistance意指那些联合起来一致反对法西斯主义且通常必须开展游击战和进行秘密活动的人。

尊重（Respect）：在所有方面都一直同仁地对待别人，意即对别人的言行给予关注，而不是不予考虑或敷衍了事。

尊重互惠（Respectful reciprocity）：这是瑞吉欧·艾米利亚教育中切实重要的一个方面。在这里，分享着同一个兴趣或关注着同一件事情的孩子们，这些学习者（与其他孩子和/或成人）为了取得一个目标或回答自己事先设定的一个问题而协同合作。

给出回应的（Responsive）：这是教师们需要做到的。在瑞吉欧，整个文档编制的流程就包括成人不仅要思考自己所看到和听到的事情，而且还要对此做出回应。这就意味着教师要为孩子提供资源或工具，为其学习提供鹰架，使孩子们回想起已经发生过的事情，帮助他们采取一种新的方法等。

鹰架（Scaffolding）：这是由布鲁纳受建筑术启发而创造的一个术语，因为一栋正处于建造中的建筑需要有脚手架的支撑。此处意指更富经验的学习者在帮助孩子们进入到学习下一阶段时可以使用的方法。其目标在于使孩子们先在获得帮助的情况下能够做某些事情，直至撤离这些帮助后也能做到这些事情。这是一个走向独立的过程。

科学语言（Scientific languages）：可以包含在这种语言和过程中的有数学、化学、生物学和物理学——因此就幼儿方面来看，可以包括数数，数字运算，测量，比较，思考生物或非生物问题，以及光、水或泥土的性质等。

学前学校（Scuola dell'infanzia）：相当于幼儿园（preschool）、保育学校（nursery school）或保育班（nursery class）。

世俗的（Secular）：没有被任何宗教信仰束缚的。

合作事业（Shared enterprise）：不止一个人在做的某件事情。

社会资本（Social capital）：在其团体中把人们相互连接起来的东西。

社会表征（Social representation）：这一概念的意思即对社会中的团体而言具有特定意义的言辞。

社会主义（Socialism）：倡导应该由人民、工人来掌控生产方式的一种政治经济理论。与其相对的理论即资本主义，毫无疑问其所倡导的是由既得权贵者来掌控权力和财富。

社会霸权（Societal hegemony）：意即任何社会中的权力是怎样被掌控的，以及其个体成员对这种权力掌控所发挥的影响。

社会文化的（Sociocultural）：从社会与文化的双重视角来看待世界的一种方法，这就意味着背景总是会处于非常重要的地位。

社会-历史的（Socio-historical）：以考察事物是怎样随着时间的推移而被组织起来的为视角而看待世界的一种方式。

特殊权利（Special rights）：这个为瑞吉欧所使用的术语我们也可以用"特殊需求"替代。

利益相关者（Stakeholder）：参与到事业中的所有人。

第三位教师（The third partner）：瑞吉欧专门用来指环境在早期教育中所扮演的角色。

违规（Transgressing）：不合常规的，试图挑战、质疑乃至有时候去打破既定规则的方式。

变形（Transformation）：从一个事物转变为另一个事物的方式。

变形的（Transformative）：带来变化的事物。

透明（Transparency）：通透得可以被看穿的事物。

透明的学校（Transparent school）：一所学校或机构里的实践——实践的所有方面——对所有的利益相关者都是公开可见的。

三个一组（Triad）：一个小组里有三个成员。

出人意料的（Unpredictable）：不可预知的事物。

最近发展区（Zone of proximal development）：维果茨基所提出来的一个概念性区域，这个区域即介于儿童在独立的或有帮助的情况下已经能够做到的事情与在一名更有经验的学习者的帮助下可能做到的事情之间。促使儿童弥补这一差距的即鹰架。

参考文献

注释:

  有很多原因使得编辑这份参考文献清单成了一项艰巨任务。我在本书中引用了很多从网上搜到的小语段。而之所以这样做,是因为瑞吉欧·艾米利亚的盛名依旧,与之相关的小文章因之也层出不穷。在这些小文章中,有些是很难找到出处的;有些是以私人笔记的形式提供给我的会议论文或记录;同时,引用的一些书由于拥有很多个版本,且我手头上的这些参考书比我在本书中所引用的版本要更新一些,因此在页码上可能会出现错乱。我已经尽自己所能地去保证书中所引内容都有出处,但无疑还是会有疏忽或错误之处,在此谨请诸位读者谅解。

Abbott, L. and members of the BERA Early Years Special Interest Group. "Early Years Research: Pedagogy, Curriculum and Adult Roles" in *Training and Professionalism*. 2003. http://www.niched.org/docs/bera_report%20.pdf

Achtner, Wolfgang. "Obituary: Loris Malaguzzi" in *The Independent*. 1 April 1994.

Adorni, D. and Magagnoli, S. "For the sake of development? Municipal government and local development in Emilia Romagna and Turin(1945–78)" in The Annals of the Stefan cel Mare University of Suceava, fascicle of the Faculty of Economics and Public Administration. 11:13. 2011. http://www.seap.usv.ro/annals/ojs/index.php/annals/article/viewFile/385/394.

Barsotti, A., Dahlberg, G., Gothson, H. and Asen, Gunnar. "Early Childhood Education in a Changing World—a practice-oriented research project". Paper presented at third European conference on the quality of Early Childhood Education, Chalkidiki. September 1993.

Bruner, J. *Actual Minds, Possible Worlds*. Cambridge, MA: Harvard University Press, 1986.

Bruner. J. *Making Stories: Law, Literature, Life*. Harvard Press, 2004.

Brunton, P. and Thornton, L. *Understanding the Reggio Approach: Early Years Prcatice*. Abingdon and New York:Routledge, 2005.

Cavallini, I., Filippini, R., Trancossi, L.and Vecchi, V.(series directors), *We write shapes that look like a book*. Reggio Children, 2008.

Children in Europe 6: "Celebrating 40 years of Reggio Emilia: the pedagogical thought and practice underlying world renowned early years services in Italy". http://www.childreninscotland.org.uk/html/pub_t.show.php?ref=PUB0082.

Dahlberg, G. and Moss, P. *Ethics and Politics in Early Childhood Education*. Abingdon and New York: Routledge, 2005.

Dahlberg, G. in Penn, H.(ed.) *Early Childhood Services: Theory, Policy and Practice*. Buckingham, Philadelphia: Open University Press, 2000.

Day, Carol Brunson. "Pioneers in Our Field: Loris Malaguzzi-Founder of the Reggio Emilia Approach in Early Childhood Today". May 2001. http:// www.Scholastic.com/ teachers / article / pioneers- our- field- loris- malaguzzi- founder- reggio- emilia- approach (accessed 17 November 2011).

Drummond, M. J. "Everything is Beginning" in *ReFocus* 1, 2005: 4–5.

Drummond, Mary Jane. "Learning partners" in *TES* newspaper, 2004, www.tes.co.uk/article.aspx?storycode=398895(accessed 10 January 2012).

Dunne, J. "Childhood and citizenship: A conversation across modernity" in *European Early Childhood Education Research Journal*, 14:1.2006:5–19.

Edwards, C.P. "Democratic Participation in a Community of Learners: Loris Malaguzzi's Philosophy of Education as Relationship" posted at DigitalCommons at University of Nebraska. 1995. http:// digitalcommons.unl.edu/famconfacpub/15/.

Edwards, C., Gandini, L. and Forman, G. (eds.) *The Hundred Languages of Children: The Reggio Emilia Experience in Transformation*. Santa Barbara, Denver and Oxford: Praeger, 2011.

Egan,B.A. "Learning conversations and listening pedagogy: the relationship in student teachers' developing professional identities" in *European Early Childhood Education Research Journal*, 17:1. 2009: 43–56.

Eskeson, K. "Remida Denmark" in *ReFocus*, 2007:4–9.

Fahlman, P. "Reggio Emilia" at NAEYC 2000. http// www.nauticom.net/www/cokids/reggio.html.

Freire, Ana Maria and Macedo, D.(eds.) *The Paulo Freire Reader*. New York and London: Continuum, 2001.

French, G. "Children's early learning and development: a research paper" commissioned by National Council for Curriculum and Assessment(NCAA).2007. http://www.ncca.ie/en/curriculum _and_assessment/early_childhood_and_primary_education/early_childhood_education/

how_aistear_was_developed/research_papers/early_learning_and_dev_summary.pdf.

Galardini, Giovannini and Iozelli. 1999 (paper is under review so we are not allowed to reference it).

Gandini, L. "Fundamentals of the Reggio Emilia approach to early childhood education" in *Young Children,* 49:1.1993:4–8.

Gandini, L. *In the Spirit of the Studio: Learning from the Atelier of Reggio Emilia.* New York: Teachers College Press 2005.

Gandini, L, "History, Ideas and Basic Principles: An Interview with Loris Malaguzzi in Edwards" in Gandini, L. and Forman, G.(eds.) *The Hundred Languages of Children: The Reggio Emilia Experience in Transformation.* Santa Barbara, Denver and Oxford: Praeger, 2011.

Giamminuti, S. "For Beauty, for culture, for memory, for storytelling: Building learning communities through pedagogical documentation" in *Educating Young Children: Learning and Teaching in the Early Childhood Years.* http://www.ecta.org.au/_dbase_upl/Article%20_SGiamminuti.pdf.

Giaretta, M. "The research approach of PLAY-SOFT: Furnishings for flexible and responsive environments". studio UK.

Giudici, C. "When pedagogy and atelier meet" interview reported in Vecchi, V., Giudici, C., Grasselli, G. and Morrow, L. *Children, Art, Artists: the Expressive Languages of Children, the Artistic Language of Alberto Burri.* Reggio Emilia: Reggio Children, 2004:144–53.

Hall, Ellen. "What Professional Development in Early Childhood Science Will Meet the Requirements of Practicing Teachers?" SEED Papers from the STEM Early Education and Development Conference. 2010. http://ecrp.uiuc.edu/beyond/seed/hall.html.

Hall, K., Hogan, M., Ridgway, A., Murphy, R., Cunneen, M. and Cunnigham, D. *Loris Malaguzzi and the Reggio Emilia experience in Library of Educational Thought 23.* London and New York: Continuum, 2010.

Hawkins, D. "Malaguzzi's Story, Other Stories and Respect for Children" in Edwards, C., Gandini, L. and Forman, G.(eds.) *The Hundred Languages of Children: The Reggio Emilia Experience in Transformation.* Santa Barbara, Denver and Oxford: Praeger, 2011.

Hoyuelos, A. *Le etica en el pensamiento y obra pedagogica de Loris Malaguzzi.* Barcelona: Octaedro, 2004.

Jones,L. "Resource Roundup" in *Teaching Artist Journal*, 4:2. 2009: 136–44.

Jones, D.D., Elders, L. and Fawcett, M. "Reflecting on the Reflective Cycle" in *Refocus 9*. 2009: 12–13.

Katz, L. and Cesarone, B. *Reflections on the Reggio Emilia Approach*, ERIC/Junior, 1994.

Krechevsky, M. and Stork, J. "Challenging Educational Assumptions: Lessons from an Italian-American Collaboration" in *Cambridge Journal of Education*, 30:1. 2000:57–74.

Kress, G. *Before Writing: Rethinking the Paths to Liberacy.* London and New York: Routledge, 1997.

Le bambine e i bambini fra 5 e 6 anni delle Scuole dell' Infanzia Fiastri e Rodari del Comune di S'-Ilario d'Enzo, Il futuroe una bella giornata ("the future is a lovely day"). Reggio Children, 2001.

LeeKeenan, D. and Edwards, C. "Using the Project Approach with Toddlers" in *Young Children*, 47:4.1992:31–5.

Malaguzzi, L. et al. *L' occhio Se Salta Il Muro: narrativa del possiblili Comune di Reggio Emilia*, 1984.

Malaguzzi, L. "Your Image of the Child: Where Teaching Begins " in *Exchange* 3:94, 1994.

Malaguzzi, L. (trans. Gandini, L.) "For an Education Based on Relationships" in *Young Children*. National Association for the Education of Young Children. 1993.

Malaguzzi, L. "History, ideas and philosophy", in Edwards, C., Gandini, L. and Forman, G. *The Hundred Languages of Children: The Reggio Emilia Approach*. Greenwich: Ablex Publishing, 1998:83.

Malaguzzi, L. "*La Storia, Le Idee, La Cultura*" in Edwards, C., Gandini, L. and Forman, G. *The Hundred Languages of Children: The Reggio Emilia Approach*. Greenwich: Ablex Publishing, 2006:83.

Martin, D. and Evaldsson, A. "Affordances for Participation: Children's Appropriation of Rules in a Reggio Emilia School" in *Mind, Culture and Activity*, 19:1.2012:51–74.

Mason, E. "The House of Objects" in *ReFocus*, 5.2007.

Mitchell, L. "Using Technology in Reggio Emilia-inspired Programs" in *Theory Into Practice*, 46: 1.2009:32–9.

Moscovici, S.(foreword), Herzlich, C.(ed.) *Health and Illness: A Social Psychological Analysis*. London and New York: Academic Press 1973: ix-xiv.

Moss, P. "The parameters of training" in Penn, H.(ed.) *Early Childhood Services: Theory, Policy and Practice*. Buckingham, Philadelphia: Open University Press, 2000.

Moss, P. and Petrie, P. *From Children's Services to Children's Spaces*. Falmer, New York: Routledge, 2002.

Moss, P. "Bringing politics into the nursery: early childhood education as a democratic practice" in *European Early Childhood Education Research Journal*, 15:1. 2007:5–20.

Moss, P. "Dedicated to Loris Malaguzzi, the town of Reggio Emilia and its Schools" in ReFocus, 1.2005:23–5.

Munton, F.J. "Research on Ratios, Group Size and Staff Qualifications and Training in Early Years and Childcare Settings". Thomas Coram Research Unit Institute of Education, University of London, 2002.

Munton, T., Mooney, A., Moss, P., Petrie, P., Clark, A. and Woolner, J. et al. "Part A: Review of International Research on the Relationship Between Ratios, Staff Qualifications and Training, Group Size and the Quality of Provision in Early Years and Childcare Settings". www.education.gov.uk/publications/eorderingdownload/rr320.pdf.

Munton, T., Barclay, L., Mallardo, M.R. and Barreau, S. "Part B: Adult: Child Ratios for Early Years Settings in the Private/Independent Sector: A Report of Empirical Research". www.education.gov.uk/publications/eorderingdownload/rr320.pdf.

New, R., Mallory B. and Mantovani, S. "Cultural Images of Children, Parents and Professionals: Italian Interpretations of Home-School Relationships" in *Early Education and Development*, 11:5.2002:597–616.

New, R. "Reggio Emilia As Cultural Activity Theory in Practice" in *Theory Into Practice*, 46:1. 2007:5–13.

Pace, Emma. "Exploring Shadow and Light" in *Refocus*, 2005:14–15.

Pace, E. "Rethinking Resources" in *Refocus* 7, 2008:12–13.

Paley, V.G. *Wally's Stories: Conversations in the Kindergarten*. Cambridge, Mass and London: Harvard University Press, 1981.

Papatheodorou, T. "Seeing the Wider Picture: Reflections on the Reggio Emilia Approach" in TACTYC.www.tactyc.org.uk/pdfs/Reflection-Papatheodorou.pdf.

Penn, H(ed). *Early Childhood Services: Theory, Policy and Practice*. Buckingham, Philadelphia: Open University Press, 2000.

Penn, H. *Unequal Childhoods: Young Children's Lives in Poor Countries*. London and New York: Routledge, 2005.

Putnam, R. D. "Education, Diversity, Social Cohesion and 'Social Capital'" at Meeting of OECD Education Ministers, RECHILD, 2004. http://web.ccsu.edu/italian/Conference/reggio_aprroach.pdf.

Reggio Emilia newsletter, Il Centro Loris Malaguzzi. First published, 1999; new edition, 2006.

Reggio Children "The Infant-toddler centers and preschools of Reggio Emilia:historical notes and general information". www.cor.europa.eu/pesweb/pdf/Reggio% 20children(accessed 19 January 2012).

Rinaldi, C. (2006) *In Dialogue with Reggio Emilia: Listening, researching and learning*. Abingdon and New York: Routledge, 2006.

Rinaldi, C. "Teachers as Researcher" in *Refocus 3*. 2006. http://emh.kaiapit.net/lifeexistencedeath/teacherresearcher.pdf(also published by the Merrill-Palmer Institute, Wayne State University).

Rosen, Harold. "Stories and Meanings" in NATE (National Association for the Teaching of English) Papers in Education, 1964.

Schroeder-Yu, G. "Documentation: Ideas and Applications from the Reggio Emilia Approach" in *Teaching Artist Journal*, 6:2.2008:126–34.

Smidt, S. "Report on Visit to Emilia Romagna". Unpublished report, 1992.

Smidt, S. "Reading the World: What children learn from literature". Stoke on Trent: Trentham, 2012.

Sully, A. "The Role and Responsibility of Documentation" in *ReFocus*, 2008:9–14.

Steiner. *On Human Values in Education*. Anthroposophic Press, 2004.

Strozzi, P. "Daily Life at School: Seeing the Extraordinary in the Ordinary".2001. http//emh.kaiapit.net/dailylifeatschool.pd(accessed 23 january 2012).

Tarr, P. "Aesthetic Codes in Early Childhood Classrooms: section 3".www.designshare.com/Research/Tarr?Aesthetic__ Codes__3htm.

Trevarthen, C. "What young children give to their learning, making education work to sustain a community and its culture " in *European Early Childhood Education Research Journal*, 19: 2.2011:173-93.

Turner, T. and Wilson, D.G. "Reflections on Documentation: A Discussion With Thought leaders From Reggio Emilia" in *Theory into Practice*, 49:1.2010:5-13.

Vecchi,V. *Art and Creativity in Reggio Emilia: Exploring the Role and Potential of Ateliers in Early Childhood Education*. London and New York: Routledeg, 2010.

Vecchi, Vea(ed.). *Theater Curtain: the Ring of Transformations*. Reggio Children, 2002.